唯有入地獄，才能救自己

40位哲人，40段省思，重啓人生的轉念新起點

TROIS MINUTES DE PHILOSOPHIE POUR REDEVENIR HUMAIN

Fabrice Midal
著——法筆思・彌達
陳衍秀——譯

目　次

中文版序

這本書中文版本的問世讓我非常高興。

東方思想之於我有密切的影響，我花費了大量時間與精力研讀，尤其是佛教與道家思想。

西方哲學也與東方思想相同，兩者都認為，要獲得內心的平靜，就必須離開舒適圈，不能逃避困難。它們要人去擁抱內心的恐懼，以及那些令人感到不舒服的一切，通常那都是這個社會不願面對的。

這並不是在勸人白白受苦，也不是鼓勵人耽溺於悲傷，或是享受被虐。相反的，它們談論的都是如何以最恰當、最合適的方式，找回生命中的陽光、喜悅、信心，以及愛。

.

你我在這世上遭遇的痛苦與悲傷，幾乎都被視為疾病看待，或是用病理學的方式被分析，認為那痛苦源於我們犯過的錯，或是生命中缺失的元素。但是，我深深相信，這樣的說法只會讓人感到罪惡。

因為所有的悲傷與痛苦實則都是我們身而為人不可或缺的一部分。任何人在他一生中，必然遭遇過困難與打擊。遇到痛苦時，與其像隻鴕鳥將頭埋進沙裡，咬緊牙關忍耐著，希望我的讀者能藉由重新閱讀這些智慧的言語，「入地獄」去遇見自身的苦痛，並且穿越地獄，重新獲得活著的喜悅。

其實這很簡單，我拿自己當個例子。當我開始著手撰寫一本新書時，總會在某個時候對自己充滿懷疑，認為自己不可能做得到。

在我自己的例子裡，所謂的「入地獄」、「穿越地獄」，就是接受自己的茫然與徬徨失措，看見自己對於失敗的恐懼。

要是我能接納這些內心的種種不安與猶疑，那麼，更強大、更新穎的想法才有可能到來，而且，那通常比我一開始能想到的想法或靈感更具深度。

接受這些不安與猶疑是必要的前提，一旦這麼做，真確的事物才有可能降臨。

我的許多醫師朋友都曾告訴我，他們在執業生涯中也曾有過一模一樣的經驗。在面對棘手情況時，他們也都有過不知所措的時刻。

但是，這個不知所措的時刻，卻有著關鍵性的影響。

這個特殊的時刻讓這些醫師得以跳脫原有的認知，因而找到原先壓根沒想過的方向，做出了最正確的判斷。

這種內心的不舒服感，源於我們無法預測接下來會發生什麼事情。我們處在一個自己無法掌控的情況中，因而感到不安。然而非常弔詭的是，同樣也正是這份不安感，才讓這些醫生得以超越巔峰，真正成功地幫助到病患。

一個不願意「入地獄」去面對自己的疑惑與質疑的醫生，可能也因此無法診斷出病源。

讀到我在書中精選的哲學名言時，你們必然會困惑。因為我自己初次讀到時，也和大家一樣困惑，這也正是我為何會選擇這些句子的原因。

遇到困難時，我們往往就像是被困在牢籠裡。儘管一遍遍地重複問題，翻來覆去地思考，還是覺得像被困在一條死胡同裡。我們越是往問題裡鑽，就會更加嚴重地作繭自縛。

要脫離困境，你必須先退一步，往後站，與問題保持一些距離。這書中各個章節裡的哲學名言，就如同靈光乍現的那一瞬間，將你和問題之間拉開了一些距離。這樣看似平凡無奇的小舉動，卻從根本上改變了一切。

我這麼說，事情好似確實非常容易。然而從經驗上來說，這表面看小小的一步，卻有如穿越地獄那般劇烈。

因為，我們決定拋下那些平庸的想法和那些無效的建議，真正去面對問題，從中發現解決問題的道路。

這就好比我們若是將臉貼在牆上，自然什麼都看不見。儘管如此，我們卻因為已經太習慣這麼做了，甚至不願冒任何風險，將身體挪動一步。然而，我們只需往後退一步，被牆擋住的寬闊風景瞬間就會展現眼前。這些哲學選言就是要讓我們往後退一步，讓我們得以掙脫牢籠，再次看見遠方的海洋，和景色的浩瀚無垠。

從某種層面上來說，我所謂的「入地獄」，就是脫離單調乏味的例行公事，儘管那多麼讓人不舒服，也願意挪動身子，起身迎接曙光。

我個人特別期待這本書在台灣出版。

好幾年前，我曾有幸到台灣一遊，還辦了幾場講座。這個美妙的經驗我至今仍然印象深刻。

我還記得，在我所到之處，大家對於各種事物仍都保有開放的態度。我還看見台灣人不論男女，對於卓越的追求。我很驚訝的是，我在各處都遇見這些不畏懼「入地獄」的人，不論是在任何領域，他們都勇於嘗試，執著於將每件事情做到盡善盡美，不論是餐廳廚師、巧克力職人、侍茶師，還是陶藝家，我到過的地方，都可見到這些充滿無比勇氣與熱誠的人。

對我而言，「入地獄」之後，要穿越地獄最安全、也最輕鬆的方式，就是讓自己保有這份熱忱。

我深信台灣島上的人們身上都有著一股最炙熱的熱忱。

前言

為什麼今日我們迫切需要哲學？

因為哲學衝撞我們，讓我們不得安寧；它喚醒我們、啟發我們。

現今世上滿是專家說法與教條主義。到處盡是一些自認什麼都通、什麼都懂、硬要裝出這副樣子的人。哲學提出完全不同的觀點，因而更顯珍貴。

西方哲學之父蘇格拉底和那些人相反，他一再強調自己並不是什麼專家。他來到廣場上，向每個人詢問問題，打聽他們的生活、工作和喜好等等……

蘇格拉底非但不是來說教，他還聲稱自己什麼都不懂，甚至稱不上是「智者」。

他說，世上只有神是睿智的（如果真有神的話）。但我們不是神，所以沒有必要追求睿智，只要好好做個人，人人都能從中獲益。

正因為哲學深深了解這一點，它不要我們成為智者、完人或是神，而是要與自己的人性和諧共存。

這也是為何蘇格拉底會不顧一切地提問，質疑那些看似理所當然、不容置疑的事情。雖然此舉惹得某些人不快，千百年來卻也有人為之動容、受之鼓舞，繼而欣喜若狂。終於有人願意說出真話，讓人看得更加清楚、透徹。

蘇格拉底要我們重拾信心，相信自己有能力去感受、去渴望、去思考、去愛。這也正是哲學要教導我們的：相信我們的自身經驗確實值得探索。

專家要我們聽命行事，哲學家則要你獨立思考。

這幾年來，我致力於解讀暴力在日常生活中的新樣貌。這些暴力不僅壓垮我們，讓我們失去了珍貴的人性，不願冒險嘗試計畫，喪失了信念，心也不再有所嚮往。

不論你是護士、醫生、麵包師傅、律師、社會工作者，還是從事其他工作，或許你也和我一樣，曾被別人要求放棄重要的意義價值，為了社會、政治或經濟因素而妥協。

一旦妥協了，卻又因為覺得無論如何都做得不夠多、不夠好，因而背負著罪惡感，甚至幾乎賠上性命。當下層出不窮的過勞現象就是活生生的血證。

哲學之所以對我們有益，正是因為它不希望我們變得更完美、更冰冷，好似機器人或電腦。這只會助長野蠻與暴力。

這就是為什麼我要你試著在短短三分鐘、也就是讀完這本書一篇章節的時間裡，重新活得像個「人」：不再盲目任由利益算計和擺布，忘了自己是個「人」；不再將女人、男人、樹木、河流、一切事物通通簡化成可以管理與利用的資源。

哲學的美妙之處，在於它探討的是如你我的常人，談論的是我們生活上會遭遇到的種種狀況。比如，如何面對某個令人頭痛的同事，或是當你的孩子沒有事先知會，就帶了朋友回家吃飯，偏偏家裡冰箱又空空如也……在這個越來越抽象的世界裡，哲學提供的是具體、而且實際的省思。

在本書中，我選擇了一些哲學名句，它們的共同之處是繼承了蘇格拉底的精神，甚至跳脫常軌。我們有時會將哲學關進狹隘的牢籠，哲學卻總是意外地打破我們的認知，這也是為何哲學如此不可或缺，又令人獲益匪淺。

唯有入地獄，才能救自己

「身而為人，

本就不該追求完美。」

——喬治．歐威爾*

* **喬治．歐威爾**（George Orwell, 1903-1950）：本名Eric Arthur Blair，英國作家，新聞記者和社會評論家，作品包含文學批評、詩歌、小說及諷刺新聞，以尖銳的社會批評、反對極權主義和支持民主社會主義為特點，其中又以《動物農莊*Animal Farm*》和《一九八四*Nineteen Eighty-Four*》最為著名。

做個人就好

歐威爾要我們承認，世上並無完美。不僅如此，他還要我們明白，「追求完美」與「身而為人」本就相違。

這種說法令人疑惑。因為長久以來，有一派思想總是鼓吹我們追求一種超脫一切的完美狀態，或是認為讓理性凌駕於自我之上就是一種完美。

結果，我們錯了。

我們拚命懊悔自己不夠完美，深信我們若是完美，才會更快樂。

你自以為修養很好

上回家庭聚餐時，平時待人和善的妹夫無法認同你的政治理念，你受到打擊，因而口出惡言。你意識到你竟然對自己欣賞的人說了一些不得體、甚至粗暴的話。

事後你懊悔不已。

太棒了！你正在深刻體會著存在的意義。

當你不再一天到晚責備自己不如想像中完美，

不再苛求自己必須處事公正、凡事力求精確；當你能坦然面對內心的黑洞，那麼，你就能對自己展現真正的溫柔。

沒錯，你可以承認自己有時就是那麼笨拙，不識相，甚至還有點蠢。

你知道偉大的作家有什麼特點嗎？

他們讓你我看見自己身上的卑鄙與平庸。作家杜斯妥也夫斯基（Fiodor Dostoïevski）或是普魯斯特（Marcel Proust）善於揭露人性幽微曲折的謊言、懦弱，還有嫉妒……

他們這麼做並非出於殘酷或絕望，而是為了深刻理解人類存在的真相。多虧他們，我們總算能觸碰到人生的複雜與美好，繼而感到欣慰。

平庸的作家只停留在情感的表象，甚至不惜許下虛假的幸福承諾，試圖麻痺我們。

偉大的作家有別於我們一般的認知，他們心懷柔情，才得以觀察人生百態。平庸的作家對此則一竅不通，說到底，他們心底充滿恐懼，他們害怕面對現實，畏懼直擊自我的內心。

不完美的完美

如何才能安然接受自己的不完美？

想想一位你非常喜歡的朋友，以及他身上的缺點與傷疤。別將這些瑕疵視為生命的絆腳石，而是視之為造就生命的光輝。

試想日本陶藝大師的創作之道或許能有助理解。他們每做好一只碗，就會為其添上一點瑕疵。這目的不在玷污或破壞，而是要突顯它本質上的脆弱與質樸。

知道自己並不完美，能讓我們更加包容和關懷他人。

「在寒冬裡，

我發現內心不滅的盛夏。」

——阿爾貝．卡繆 *

* **阿爾貝．卡繆**（Albert Camus, 1913-1960）：法國小說家、哲學家、戲劇家、評論家，一九五七年獲得諾貝爾文學獎。最著名的作品《異鄉人*L'Étranger*》表達了生命的荒謬，以及人在孤立、疏離之間的存在，常有學者引用書中主題和觀點，作為荒謬主義和存在主義哲學的例子。

事情沒有絕對

我們總認為，冬天過了，夏天就會到來，悲傷到了盡頭，心中就會喜悅，雨過便會天晴。如果此刻你心情不好，別擔心，總有一天會好起來。

那些心靈雞湯是這麼教導我們的，但我認為這遠遠不夠。

事實上，我們應當學會以超脫的視角看待一切。

卡繆要我們打開另一個截然不同的視野：即便寒冬之際，一切看似冰封而了無生機，也要學會在這時刻看見璀璨的盛夏。

事物在本質上其實並無絕對的快樂或不快樂，但在人生不同的階段，我們對每件事情都會有更深層的感觸。很少人告訴我們這種看待事情的可能，這也正是偉大的文學作品所要傳達的。

失去至親

我在深愛的祖母去世時曾有過這樣的經歷。當時她年歲已高，我們很清楚她時日不多了。有一天早上，姑姑打電話通知我祖母已進入彌留狀態。

我趕去醫院，家人早已到齊，在走廊上低聲交談，氣氛凝重。每個人憂傷地走進病房，悲痛欲絕地離開。

輪到我時，我戰戰兢兢地走進病房。

接著從容地坐了下來，在祖母身旁待了一段時間。

出乎意料，我感受到的是她的慈祥，她曾陪伴我度過童年時光。我在病房裡待了一整天，沉浸在一種深刻、而且令人震撼的平靜之中，我覺得自己在支持她渡過難關。

祖母去世，我當然非常難過，然而那個冬天，我感受到她的愛始終環繞著我，這多麼美好，我甚至覺得，這份愛格外刻骨銘心。

那是我人生中最重要的時刻之一。它給了我力量和信心，至今一直陪伴著我。

遇見心中的密友

如何在日常生活中遇見心中的密友？

這不是僅僅在寒冬中尋找一道陽光而已，而是去發現我們心中永不止息的盛夏。它無法掩蓋或取代冬天，卻始終駐足在我們內心深處。

盛夏就在我們心底，如同一位珍貴的朋友，一位幾乎被遺忘、長期被拒於門外的朋友。這位被遺忘的朋友其實一直在你的生命裡，也在你心裡、懷裡，在身體每個細胞裡。

它是你人生中學到的所有記憶，是你的奶奶或其他人給過你的愛。

現在，你可以向這位被遺忘的朋友伸出手，對他說：「我一直忽略了你，但是我想請你幫助我。你是我最重要夥伴，我希望和你建立友誼、和平相處與互相信任。我會全心全意信任你，將自己託付給你。」我將自己交給那個比我更強大的自己。

「石頭終於下定決心開花了。」

——保羅・策蘭*

* **保羅・策蘭**（Paul Celan, 1920-1970）：本名Paul Antschel，法國籍猶太詩人、翻譯家。策蘭生於現屬烏克蘭的切爾諾夫策（Tchernivtsi），是二戰之後最重要的德語詩人之一。由於母親熱愛德語文學，德語因而成為策蘭家的母語。一九五五年入籍法國。

不再緊閉自己

緊閉的東西有可能自己打開嗎？死氣沉沉的東西能否恢復生機？

保羅．策蘭，二十世紀最驚人的詩人之一，要我們思考的正是這件事情。

「化腐朽為神奇」，這聽似美好，實則是異想天開。

仔細想想，一塊堅硬無比、亙古不變的石頭，當然不會開花。

你不覺得，這擺明就像是個不切實際的美麗神話嗎？

先別操之過急，策蘭提出的是一種如此深層的經驗，必須花費一點心力才能領略。

你失眠了

我們來談談失眠吧！要了解失眠，讓我們先思考睡眠本身。

你是否曾經無法入睡？你可曾失眠過？如果有，你就知道光是**想要**入睡是不夠的。甚至你越是想睡，就越睡不著。

你覺得自己頓時就像一顆硬邦邦的石頭，長不出任何一根草。

如果想沉沉入睡，你必須信任自己的身體。其實你的身體很想睡，但你的意志卻一直妨礙它入睡。這才是關鍵！

我們卻誤以為必須用更強大的意志強迫自己入睡！

就像如果我們感覺到焦慮，就要做些什麼來遏止；如果我們對某種東西上癮，就得靠著強大的意志力去克服；我們若是有偷懶的毛病，也將此歸咎於缺乏意志力。

但是我們完全錯了。

策蘭非常明白這一點，因此才要我們將自己**交付給**生命，生命它一直蟄伏在我們心底那塊由痛苦匯聚而成的石頭裡。

這個道理也適用於許多別的事情上。

印象派畫家塞尚（Paul Cézanne）的風格有很長一段時間非常沉重、拙劣，被稱為是他創作的「樸拙時期」（période couillarde）。

然後有一天，石頭突然就開花了。

沒有人知道為什麼。塞尚僅僅是全心全意地投入繪畫。

鐵樹終究會開花，生命終該被解封。那些被束縛的東西，也終將獲得解放。但這需要耐心與信任。

關於相信的練習

你也想變得跟塞尚一樣嗎？這其實不難。

先暫時允許自己什麼都不懂，也莫下任何決定，允許自己維持現狀。

我們都有點忽略了「託付」這件事。託付，就是讓生命順其自然，隨遇而安——就像你割傷了自己，只要靜靜等待，傷口自然會癒合，這就是「相信」。儘管剛開始這麼做時，會覺得有些荒謬。

你可以試著將自己託付給沒有絕對把握的事情，而且你必須先去做了，才能體會箇中好處。正是因為無法完全確定，所以才需要去相信。

這就是生命之美。

「勿以智者為榜樣，
而以兒童為師。」

——埃米爾．蕭沆*

* **埃米爾．蕭沆**（Emil Cioran, 1911-1995）：羅馬尼亞旅法哲學家，二十世紀懷疑論、虛無主義思想家。蕭沆對人世的磨難與苦痛，有極為深刻而敏銳的觀察體認，態度極端清醒、幾近凶狠。現有繁體中譯本的《解體概要*Precis de decomposition*》為其眾多著作之一。

不再做個智者

我們相信，做個智者就是成為自己的主宰，當一個永遠不會失控的人。

這個概念主要來自斯多噶學派（stoïciens），尤其是愛比克泰德[1]，他是這個理想流派的典範。

有一則關於他的軼聞趣事可以為證。

愛比克泰德還是一名奴隸時，他的主人曾動手扭起他受傷的腿。

愛比克泰德告訴他：「要是你繼續扭，這條腿會斷掉。」

主人非但不為所動，也沒有住手。愛比克泰德不僅沒有痛得大叫，腿被扭斷時也只是淡淡地對主人說：「我早就告訴過你了。」他始終沉著鎮定，無動於衷！

說實在，我完全不相信這種有毒的智慧，所以別再受荼毒了。

愛比克泰德應該要大吼大叫才對，這樣他的腿

---

1 愛比克泰德（Épictète）：古羅馬時期的斯多噶派哲學家，奴隸出身，本名無從考證。

就不會斷了。大聲叫出來，才會讓那個將他腿扭斷的白痴住手。

該不該嫉妒

有一天，你的鄰居告訴你他中了一大筆樂透彩金。或者，你的同事剛得到你夢寐以求的職位。

你內心覺得嫉妒，同時又感到羞愧。你認為自己應該無動於衷才是。

你錯了！要是你沒有覺得嫉妒，那麼你根本不是智者，而是心理變態。

我們荒謬地以為，內心出現某種情緒是不對、甚至不道德的。

情緒來來去去，沒有哪種情緒是錯的。重點是要如何面對這些情緒！

所以蕭沆說：「勿以智者為榜樣，而以兒童為師。」這多有道理。

小孩子會怎麼做呢？他會非常直接地反應。他不會壓抑自己的情緒或悲傷，而是將這些情緒表達出來，不再糾結。

如果你想得到內心的平靜，就別封鎖自己，而是要去探索自己的感受。

如何感受自己的情緒

讓我們一起做個關於情緒的簡單練習。這個練習共有兩個步驟。

首先，感受自己正處於什麼樣的情緒狀態，但別去分析。此時此刻，只要試著感受你的情緒，無論覺得放鬆還是緊張，高興還是悲傷，都無所謂。

然後，試著用某個動作表達這種感受。

想想小孩子的反應會有所幫助。他們高興時就跳上你的肩膀；悲傷時就躲進你懷裡；生氣時便用力跺腳。

你無需和孩子們一樣誇張，用你的手臂或手輕輕做個動作就行了。

你可以允許自己更深刻地感受經歷的一切，讓它們變得具體。你會發現，這種感覺超好的！這會讓你獲得解放。而且你會發現，未必得假裝沒事、欺騙自己才會快樂。

「口渴時，

才能明白水的可貴。」

——艾蜜莉・狄金生*

* **艾蜜莉・狄金生**（Emily Dickinson, 1830-1886）：美國詩人，詩風凝練，創作量高，但個性低調，一千八百多首詩作在世時僅發表過十首，死後近七十年才被追認為美國現代派詩人先驅。

只有知識是不夠的

知識能讓我更了解水，卻無法明白它的真諦。

真諦只能透過經驗習得。

好吧，也未必如此，因為經驗也會騙人。

我覺得這個人在撒謊，對此深信不疑。但是，我也可能錯了。我們經常受到偏見操弄，各式各樣的種族歧視就是很好的例子。

你曾經渴望某樣東西嗎？

要是光有知識還不夠，那麼我們該怎麼做？

聽聽詩人艾蜜莉・狄金生怎麼說。她告訴我們，想要明白水的可貴，不能只是將手伸進水裡，而是要感到口渴。

你可曾心心念念，渴望某樣東西？那麼，你就懂了！

強烈的欲望促使我們真正地敞開心扉，動身追尋自己的夢想。從這個意義上來說，欲望是一位偉大的導師。

不幸的是，我們往往曲解了欲望要教我們的道理。

這個時代不斷灌輸我們，欲望帶給人的快樂，來自於擁有一切想得到的東西，體驗所有夢寐以求的事情。然而，當你真的得到一切之際，反而沒有那麼快樂。

因為欲望一旦被滿足，就會停滯不前，無法展翅高飛。

欲望之神厄洛斯（Eros），是貧窮女神佩尼亞（Pénia）和富裕之神波洛斯（Poros）之子。厄洛斯的母親留給他瘦弱的身軀。他總是打著赤腳，露宿星空下。父親則教會他不斷追尋美好事物、擁有不屈不饒的意志，充滿著求知欲。欲望身上便深刻地結合了兩者的特質。

艾蜜莉．狄金生這位年輕女詩人，在十九世紀末隱居於美國麻薩諸塞州時，寫下了重要的著作。她在書裡重新發現偉大希臘哲學中為人遺忘的思想：欲望，就是發現自己最渴望的東西，並且動身去追尋。

對柏拉圖來說，哲學的定義不是去追尋廉價的勸世哲理，而是懷著熾烈的欲望展開行動。

真正的欲望

要如何辨認哪些才是我們真正渴求的欲望？如何明瞭哪些欲望能喚醒我們，教導我們？

我們習慣對欲望抱持預設立場，因此很難辨認哪些才是真正的欲望。

重點在於花時間去聆聽究竟是什麼在召喚我們，我又渴望著什麼？為了讓人生更完整，我最迫切缺乏的是什麼？

令我震驚的是，大部分的社會、政治與宗教論述都要人撲滅這種熱情，勸戒我們保持冷靜，提高效率，以及乖巧、順從……這太可怕了！

唯有哲學鼓勵我們追求的這種熱情，才會讓人活得有生命；唯有這種熱情能打開世上所有的窗，開啟所有的門。

沒有哲學、沒有此番熱情，就無法造就偉業。

「我不會佯裝智者
四處招搖撞騙，
就像披著王袍的猴子
或是披著獅皮的驢子。」

——伊拉斯謨*

* **伊拉斯謨**（Érasme, 1466-1536）：史學界通稱「鹿特丹的伊拉斯謨」（Erasmus von Rotterdam），是文藝復興時期尼德蘭著名的人文主義思想家和神學家、天主教神父，為北方文藝復興的代表人物。

如何真誠地做自己？

每個人在生活當中都扮演著許多角色。要求別人「真誠地做自己」，說的其實比做的容易。

我在年邁的母親面前，或是在公司和老闆開會，還是在照顧三歲兒子的時候，不會是同一個人。幸好如此。

「真誠地做自己」要單獨放在各種不同社交模式裡才有意義，並且還要學習與駕馭這些社交模式的潛規則。

但是，一旦我們過度陷入某些角色，為了捍衛自己在他人眼中的某種形象，不惜發生爭執，那麼問題就來了。

和另一半吵架

你和另一半在家中原本好好的，後來卻為了一件小事起了爭執，而且越演越激烈。

你越是想證明自己是對的，氣氛就越是火爆。對方是誰已不重要了，眼前的那一位現在只是你的敵人。你們幾分鐘前的濃情蜜意此刻已蕩然無存，現在你只想拿你的原則與論點武裝自己，吵贏這場架。

你自己也看到整個情況擦槍走火，而且這不是你想要的。

這時候該怎麼辦？

別再假裝自己是披著王袍的智者，或是一隻永遠都有道理的尊貴獅子。你得承認自己不過是一隻滑稽的猴子或一頭無知的驢子，因為人人都是如此。只是有些人願意承認，有些人否認，而且不願看清事實。

只要有人自稱無所不知、高人一等，那麼，邪惡就隨之而生。

我舉了夫妻吵架為例，但伊拉斯謨在寫下這句話時，他所想的是彼時肆虐歐洲的可怕戰爭。十六世紀的宗教戰爭打得相當慘烈，每一方都堅持自己的立場，相信自己是對的，而且打算為此殲滅對方。

撕下標籤，做回自己

你想遵循伊拉斯謨的建議，撕下標籤，做回自己嗎？且讓我們做個簡單的練習。

首先，你要接受自己永遠不會成為一位完美的母親、理想的父親、或是人見人愛的同事……這麼一來，你就不必維持那個你自認為應該符合的形象。或許你已擁有某個頭銜、職位或職責，但千萬別將這些標籤往自己身上貼，這會讓你變得更狹隘。

我有個朋友不得不去一所不易教學的高中任職。他在到職之前相當不安，於是去拜訪了一位經驗豐富的同事。這位同事告訴他：「反正你永遠也做不到一百分。」我的朋友告訴我，這句話讓他徹底解脫。

這並非一句絕望、或憤世嫉俗的話。相反的，放棄當個百戰百勝的英雄，放過自己，你就會更自由、更勇敢、更有創意，就能表現出自己最好的樣子。

拿掉面具，真是太美好了！

「走路，

是為了知道會走到哪裡。」

——歌德*

* **約翰・沃夫岡・馮・歌德**（Johann Wolfgang von Goethe, 1749-1832）：戲劇家、詩人、自然科學家、文藝理論家和政治人物，為威瑪德國古典主義最著名的代表人物。《浮士德*Faust*》及《少年維特的煩惱*Die Leiden des jungen Werthers*》是歌德最為世人熟悉的作品。

別再執著規劃一切

你有好多計畫：打算去旅行、賣掉你的車、還想要做個法式櫻桃塔（clafoutis）……

對你而言，精確規劃好各個步驟非常重要，這麼一來，才能確保達到預期成果。

你仔細計劃了要去哪裡，該怎麼去，會遇到什麼困難，要如何克服。

某些事情這麼做非常恰當，但如果你用這種態度處理與人有關的事情，這可是最糟糕的做法。

旅行的意義不在終點，而是旅程本身

我來舉個例子。你必須在一場重要的工作會議上提出一項計畫，或是正在準備一場求職面試。

你當然可以盡可能地預作準備，再三演練備好的台詞，考量所有可能發生的狀況。然後，在對方面前進行一場完美無瑕的報告。

但事情的發展可能會出乎你意料之外。

你忽略了整件事情的重點，其實是去認識對方，了解他們的需求與期望。你沒有建立真正的關係。

首先，在面對無法預期的情況，或是當對方說出令人無法招架的話時，我們必須敞開心胸。

我們要先接受自己的不安，而後才能真正認識對方。

我們批評班上的第一名，不是因為他做錯了什麼，而是因為他事事都要做得完美，說話不是發自內心，令人感受不到他的任何情緒。

在我剛開始到處演講時，有個朋友給了我一個寶貴的建議：「盡可能準備好你要說的內容，一旦站到聽眾面前，就將筆記放下，盡情發揮。」

歌德是小說家、詩人，也是自然科學家，而且身兼政治職務。他要世人明白的道理可比我的激進得多。

單單抱持開放的心態去做一件事情是不夠的。我們還要了解，在這個過程中，唯有全心全意投入之後，事情的意義才會顯現。例如， 如果我選擇從事某項行業，唯有一步步接受現實的考驗，才會發現它會帶給我什麼收穫。如果我決定寫一本書，唯有全心投入，才會明白寫這部作品的意義。

一旦只專注於目標，過程就會變得乏味無聊。我們只想趕快結束，抵達終點。真可惜啊！這麼一來就會錯過過程中能學到的一切。旅行的意義正是旅程本身，這就是納哈姆拉比（Rabbi Naham）為何會說：「永遠別向識途之人問路，否則你就無法迷路了。」

試著迷路吧！

下回散步時，試著迷路一下吧！

首先，朝著你的目標心無旁騖地前進。過了一會兒，再將目標拋諸腦後，仔細觀察周遭的情況與環境。一邊走路，一邊留意身邊是否有什麼事物讓你感到驚奇，並且試著讓自己迷路看看。

這個方法可以使你變得更快樂。

「挑戰乃萬物之父。」

——赫拉克利特*

* **赫拉克利特**（Héraclite, 535 BC-475 BC）：古希臘哲學家，文章流傳甚少，而且富有隱喻又愛用悖論，晦澀難懂，後世因而對他的思想解釋紛紜，稱他為「晦澀者」。

不要放棄

西方社會很重視足球。看一場球賽，是為了看著兩支球隊為了獲勝相互廝殺。

當每個人都全力以赴，那才算是一場公平的競爭。比賽因而精彩，甚至令人動容。

可是，當赫拉克利特說出：「挑戰是萬物之父」，我們卻深受震撼。

我們真的需要為一切而戰嗎？

這難道不是一句粗暴、甚至帶有攻擊性的話？

我們之所以這麼想，是因為我們將挑戰與暴力混為一談了。但那完全是兩回事。

幸好在足球賽裡，沒有人會真的摧毀對方！球員們也不會為了保持「心平氣和」而棄戰。

你面臨什麼挑戰

你呢？你今天面臨了什麼樣的挑戰？

餵孩子吃飯？準備一場會議？處理你和另一半的爭執？

你因為做不好而生自己的氣。

如果你試著用另一種截然不同的態度，全然接受挑戰，你會發現一切將完全改觀。

這不是要你以破壞為前提，去**對抗**某件事情或某個人，而是要你去發掘你想說的話，或是想做的事。因為事情並非總是如表面看來那麼簡單，有時你必須竭盡所能地深入挖掘、探究，才能找出一條通路。

挑戰是萬物之父，它讓一切事物的樣貌得以浮現、開展。

沒有挑戰，就什麼都不會有。

我認為這句話是古希臘留下最令人印象深刻的話之一，為後人留下了寶貴的指引。

我們如果認為事情的面貌會自行浮現，因此不想做任何努力，那就太過天真了。

我們認為挑戰是負面的、困難的，而且令人疲憊。

然而每一件作品、每一起計畫、每一項創作的誕生，都是為了讓那些潛藏在深處、看不見的東西一點一點地顯現出來。

你要寫一篇摘要、一份合約或是一封郵件，你必須字斟句酌，才能寫得恰如其分。

如果拒絕壓力與挑戰，就等於拒絕了計畫實現的可能。

這就是為什麼我們越是勸別人保持心境平靜，淡然看待一切，他們就會越感到無力。

我們之所以快樂，是因為我們接受、而且全然地投入一場有創意和充滿生命力的挑戰。

獲得挑戰的動力

要如何才能激發挑戰的欲望？你只需要找回內心最深層的渴望。

讓我們回到一開始的問題：你今天面臨了什麼樣的挑戰？

請你花幾秒鐘感受一下，你想透過這場挑戰做些什麼，表現什麼，創造什麼。

當你有了答案，這場挑戰就會令人振奮。

現在，請帶著你的答案，重新思考你的問題。

你是不是更有動力了？

別再認為挑戰是一件令人疲憊不堪、白忙一場的事情。

我們應該回想挑戰背後的深義，像個偉大的足球員那般，滿腔熱血，充滿活力，以熱情和創造力去迎接挑戰。

「人或許不怎麼神聖，
但他必須將人性視為神聖。」

——康德*

* **伊曼努爾・康德**（Emmanuel Kant, 1724-1804）：啟蒙時代著名德意志哲學家，其學說深深影響了近代西方哲學，被認為是繼蘇格拉底、柏拉圖和亞里斯多德後，西方最具影響力的思想家之一。

擁抱你的人性

「人或許不怎麼神聖」，康德的出發點令人無法辯駁。

事實上，我們每天都會看到這一點。我們不得不承認，只要是人就會有侷限和缺陷，有時會做出蠢事，也會犯錯。

然而康德還告訴我們：「我們必須將人性視為神聖的」。

這句話很奇怪。它究竟是什麼意思？

請別將它簡化成一個抽象的理性命題。康德是要我們去釐清自身存在的謎團。

人性是什麼？是靈魂嗎？是理性嗎？

或許沒有任何一個詞，能夠真正描述這道難以捉摸的光。

沒有關係。然而，這句話卻對西方歷史產生了重大影響。它是啟蒙運動的核心精神，並且宣示了法律之前人人平等，只因為大家都是「人」。

被人踩在頭上

前陣子，我有個朋友在工作上出了錯，他的老闆在眾人面前尖酸刻薄地指責他。他自己也因為犯錯而愧疚不已。他確實犯了錯，而且必須先誠實地坦承錯誤，才能改進。

但這不表示就得忍受粗暴的對待，更沒有理由虐待自己。我的朋友是人、你我每個人都是人，奇怪的是，我們竟然忘了這一點。

尊重自身的人性是一種責任，是你我每天都要盡的責任。

面對真實自我的沉思

當你做錯事，或是行為舉止不當時，該怎麼辦？

很簡單，先承認自己做錯事了。

然後試著感受一下，犯了這些錯誤，並不會改變你的本質——這就是康德要我們了解的。

你的個人特質造就了你，這些特質包括你的性別、年齡、個人品味和優缺點等。

請花一點時間感受自己身上所有的特質，同時也回想一下，你曾做過哪些事情令你自豪，哪些又讓你後悔莫及。

但是，無論如何，這一切都不會毀損你生命中最根本的東西，那就是你的人性，亦是生命的光芒。請你意識它，尊重它，它值得你尊敬。

就更深刻的意義而言，這是你的義務。你應該尊重自己，不是因為你有錢、個性很好或是擁有金髮碧眼，而僅僅因為你是「人」啊。

這是多麼令人如釋重負啊。

「道德

是自戀極其勇敢的表現。」

——露・安德烈亞斯－莎樂美*

* **露・安德烈亞斯－莎樂美**（Lou Andreas-Salomé, 1861-1937）：出身俄羅斯將軍家庭的精神分析學者和作家，以其在宗教、哲學和文化研究領域的作品而聞名。她相當聰慧且獨立，而且人生遊歷廣泛，與尼采、詩人里爾克和心理學家佛洛伊德在生活及專業領域都有密切互動。

對自戀的誤解

莎樂美是二十世紀思想界一位非凡的人物，一生充滿傳奇色彩。

她在二十一歲時認識了尼采，尼采瘋狂愛上她。三十七歲時，她愛上小她十四歲的作家里爾克（Rainer Maria Rilke）。一九一一年，年屆五十的她更和佛洛伊德（Sigmund Freud）建立起深厚的友誼。

這三位思想巨匠分別是偉大的哲學家、詩人，以及精神分析之父。莎樂美與他們之間的交流，無疑讓她明白了現代人正是因為缺乏「自戀」，才變得如此軟弱，才會從過去到現在一直受到各種操弄。

我們無法意識到這一點，因為我們認定、而且深信自戀是一種缺陷。它意味自我中心、愛慕虛榮、罔顧他人，我們完全被這種意識形態洗腦。

被用來影射自戀的Narcisse[1]一詞，原先是在春

1 自戀（narcissisme）一詞源於希臘神話中化為水仙花的美少年納西瑟斯（Narcisse）

天最早綻放的一朵花，後來怎麼會被用來指涉人格異常呢？更令人不解的是，在整個西方歷史上，水仙花從未象徵一個愛上自己到死的人。

水仙花象徵的是生命的綻放，它給了我們對抗野蠻、拒絕謊言，不再隨波逐流的力量。

當你目睹不公不義之事

早上上班時，你目睹一位上司對年輕實習生出言不遜，連你在一旁看了都害怕。這位上司甚至還恐嚇她，而且公然濫用職權。實習生變得面紅耳赤，最後嚎啕大哭。

居然還有人在看笑話！

你不知道該怎麼辦？究竟應該出面干涉，還是一聲不吭？你內心無比掙扎。

此時此刻，你必須回到自身，相信自己所見所想，才能獲得出面制止和干預的力量。

從過去到現在，反抗者都必須擁有強大的信念和信心，才能奮不顧身對抗自己的懦弱。

莎樂美說得好：「道德是自戀極其勇敢的表

現，也是自戀最具典範的行動。」

這就是為什麼一旦我們不再自戀，就會助長邪惡、暴力與仇恨。因為我們對自己內心的泉源失去了信心，而且感到自責。

如何變得更自戀

不過，自戀比你想像中的簡單。你只需開始全然地接納當下真實的自己。

自信、而且溫柔地遇見自己。讓你和自己，和內心深處的生命力，以及心中所有等待成長、茁壯、長大的那股力量心心相印。

只要這麼做，就是在完全擁抱自己所有的樣貌，就像見到一個受苦的孩子，將他擁在懷中。你無需多說什麼，也不必大驚小怪，就是這麼簡單。將自己抱在懷裡，鼓勵他成長茁壯，走進世界，如同鳥兒飛向天空展翅翱翔。

「也許，我們生命中所有的惡龍
都是公主的化身，
等著看我們展現美麗與勇氣。」

——里爾克*

* **萊納・瑪利亞・里爾克**（Rainer Maria Rilke, 1875-1926）：生於布拉格，重要的德語詩人及小說家，此外還創作劇本以及一些雜文和法語詩歌，對十九世紀末的詩歌體裁和風格以及歐洲頹廢派文學影響深厚。其書信《致青年詩人的信*Briefe an einen jungen Dichter*》最為大眾所知。

如何找回生命力？

你應該看過騎士英勇擊垮惡龍的圖像。在基督教傳統中，畫面中出現的騎士通常是聖喬治（Saint Georges）。但是勇士屠龍的傳奇還可追溯到更古老的西方文明。在希臘神話中，阿波羅殺死了可怕的巨蟒培冬（Python）。古埃及的英雄荷魯斯（Horus）手持長矛，一舉刺穿了巨蛇阿佩普（Apophis）。

龍在東方與西方的文化脈絡下，各自演繹出非常不同的想像。在東方文化裡，龍是神聖與吉祥的象徵，受世人尊崇，然而在西方文化裡，龍的意象卻完全不同。華格納的歌劇四部曲，也歌頌了年輕的英雄齊格菲殺死了看守寶藏的巨龍[1]。

在西方文明中，惡龍這種奇怪的生物究竟象徵著什麼寓意？

---

1 華格納（Richard Wagner, 1813-1883）這四部作品統稱即為《尼布隆根的指環*Der Ring des Nibelungen*》，分別是《萊茵的黃金*Das Rheingold*》、《女武神*Die Walküre*》、《齊格菲*Siegfried*》，以及《諸神的黃昏*Götterdämmerung*》。

惡龍象徵著在文明開啟之前，那片幽暗不見天日、沼澤遍布的地下世界，必須征服它，文明才能誕生。然而，未必非得將惡龍處死才能贏得這場仗，有時只需馴化惡龍即可。

象徵最原始古老、關於靈魂知識的純真少女，知道馴服惡龍的祕訣不在摧毀，而是理解。因此，她只藉著手中一縷絲帶，便馴化、綑綁了惡龍。這是多麼令人驚訝的事！

因此，在面對那些隱藏在內心深處、令我們恐懼的事物時，我們也不該認為唯有將之消滅一途，或許也可選擇馴服它們。因為，黑暗本身蘊含一股活力，那亦是生命的力量。要是摧毀了黑暗，也就等於放棄了光明。

里爾克是一位有遠見的詩人，他對惡龍神話的解讀令人嘆為觀止：「也許，我們生命中所有的惡龍都是公主的化身，等著看我們展現美麗與勇氣。」

你遭到背叛、騷擾或輕視

當你遭到背叛、騷擾或輕視，而且非常痛苦

時，該怎麼辦？

我們第一種反應往往是硬著頭皮面對：冒著風險被暴力摧毀一切，包括將自己摧毀。

第二種反應則是逃避困難，不去面對，或是按現在流行的說法就是「放手」，這令我反感。

眾多哲學家和心理學家提供了各式各樣的對策；里爾克則建議了另一種做法：撫平傷痛，破繭而出。

激發勇氣的沉思

該如何才能撫平傷痛，破繭而出呢？

你必須走近你的痛苦，承認痛苦，你必須面對惡龍，而這是需要勇氣的。

這就是為什麼有時你必須讓公主助你一臂之力。公主，代表的是你自身的純真與善良。

讓這位躲在你心裡的公主走近你的痛苦，注視那痛苦。她會讓你發現，如果承認自己受傷了，才能撫平傷痛，化腐朽為神奇。

這就是這個練習的真諦：以一種截然不同的方

式看待人生的苦難。

這世界告訴我們太多擺脫煩惱的方法和訣竅，然而在擺脫煩惱之際，卻也剝奪了我們的潛力和生命的深度。倘若公主不再出現，我們也將失去美麗和勇氣。

「世上沒有任何事物可以讓人用高傲的姿態去對待。」

——奧爾佳・謝達庫娃*

* **奧爾佳・謝達庫娃**（Olga Sedakova, 1949-）：俄羅斯詩人和翻譯家，出身莫斯科，被喻為「當今以俄語寫作最好的懺悔基督教詩人之一」。

學會與人交談

如果別人瞧不起你，你必然會不高興，甚至覺得受傷。

這究竟是為什麼呢？

當你瞧不起某件事情或某個人，就無法真正認識他們，因為你否定了他們的深度、豐富性與獨特性，也否定了他們的存在。

這種情況每天都在發生。許多人受到輕視，他們承受的暴力往往比我們知道的更嚴重。

學著重新觀看

事物即便再微不足道，也必須尊重待之。我們必須學著從這件事做起。

就拿一顆蘋果為例吧！

當一顆蘋果出現在你面前，千萬別只是匆匆一瞥，便匆匆轉身離開。

我之所以選擇蘋果，是因為我的心靈嚮導，同時也是我很欣賞的畫家，教我學會了如何「看見」

蘋果。這位畫家就是保羅・塞尚。

終其一生，塞尚都以前所未見的方式描繪蘋果。他不僅完全站在與蘋果同樣的高度，而且他看著蘋果的眼神，彷彿是這輩子第一次見到，總是以極致的關注、最深沉的溫柔，與最持久的耐心在觀察。

我認為，當塞尚發現蘋果不只是一種水果，更是一場深刻的人性體驗之際，現代藝術也於焉誕生。

藝評家邁耶・夏皮羅[1]深深為之感動，甚至因此聲稱塞尚筆下的蘋果，就好比裸體在古典繪畫中扮演的重要角色。柯勒喬[2]深情凝視裸女身體，塞

1 邁耶・夏皮羅（Meyer Schapiro, 1904-1996）：美國藝術史學家，專精早期基督教、中世紀和現代藝術史。夏皮羅開發出新的藝術史方法論，將跨學科方法納入藝術作品研究當中。

2 柯勒喬（Le Corrège/ Antonio Allegri da Correggio, 1489-1534）：義大利畫家，文藝復興時期帕爾馬畫派的創始人，畫風醞釀了巴洛克藝術，而其優美的風格又影響了十八世紀的法國。

尚則是深情觀察一顆蘋果。這是多麼大的反轉啊！

幾個世紀以來，世人感興趣的不是蘋果，而是完美的胴體，或是關於存在的大哉問。

也許我們都錯了。

我們可以透過一顆蘋果，觸及生命、死亡與正義的真相。這是現代性教導我們的重要一課：不帶分別心地看待一切。

這是千真萬確的事情。如果能仔細關注一顆蘋果，就能學會關注別人，包括社會中那些邊緣、受到壓迫排擠、常遭忽視的人事物。因為在這樣的注視下，一切都會變得重要。

問候練習

讓我們用塞尚的方式來冥想吧！學著用他的方式問候你遇到的一切。

看看你的四周，如果有一件衣服、一只杯子或是一把傘，跟它們打聲招呼吧！

然後，讓自己被打動，跟它們建立密切的關係。

當我看著桌上的馬克杯，意識到它是這麼莊重地陪我度過每一天，這只杯子對我而言就不再只是個無關緊要、可被隨意取代的東西，而是一位真正的夥伴。

如果對象是一位男士，要怎麼做才不會讓人覺得是在盯著他看呢？那就從心裡默默問候，去感覺彼此間的連結吧！

「色彩撩撥著人的感官深處。」

——亨利・馬諦斯*

* **亨利・馬諦斯**（Henri Matisse, 1869-1954）：法國畫家、雕塑家及版畫家，「野獸派」繪畫創始者及主要代表。用色大膽，線條不拘是馬諦斯的風格。結構有趣、色彩鮮明和主題輕鬆正是令他成名的特點。

如何悸動共鳴

「色彩撩撥著人的感官深處」。為了充分了解馬諦斯這句話的深度，我想請你一起做個實驗。

首先，請你環顧四周，然後試著將注意力集中在你看到的顏色。

一般來說，我們鮮少會關注周遭環境的顏色。我們在觀看之際會不自覺地辨認事物，卻不會特別注意事物的顏色。

比如，我們看到一棵綠色的樹，卻無法單純看見綠色本身。

請你試著只看見綠色就好，看看它的獨特之處，看看它綠得多麼鮮豔。現在，讓這片綠色在你的感官深處與你共鳴，合而為一，讓它在你身上發酵，作用。

這個實驗的意義比表面上看起來更加深遠。

記住令你感動的時刻

不論是因為一場表演、一段旋律或是一次邂逅，你上一次覺得感動是什麼時候？

或許，你還能更強烈、更深刻地被感動。

感動的經驗大多有些流於表面。比如，當我們看見美麗的夕陽，或是收到一份禮物時。

那感動的感覺稍縱即逝，有時甚至難以察覺。

馬諦斯邀請我們進行一場真正能讓人轉變的探索。因為在不知不覺中，他竟然拆解了我們奉行了好幾世紀的哲學框架，我們一直被這套框架誤導卻不自知。

的確，我們過去認為顏色是偶然、次要的：一只鍋子是藍或綠並不重要，重點是鍋子。

不論有什麼情緒也都不重要，重要的是我們的理性意識。

然而，這樣的觀念令人感受不到色彩帶來的喜悅俯拾即是。

不過，重點也不在於顏色是否漂亮或令人愉悅，這並非馬諦斯要教我們的。

他要讓色彩在我們心中盤旋，讓色彩改變自

己，讓自己被色彩穿透。

選擇毛衣的練習

下回在選購新毛衣或新圍巾時，記得特別留意你所選的顏色帶給你什麼樣的感覺。

試著讓自己被打動。這是一種非常獨特的體驗，既不全然屬於肉體或是感覺，也不完全屬於大腦和理智的範疇，它觸及的是我們往往忽略的另一層面。

現在我可以告訴你馬諦斯這句話的奧妙之處了。

讓自己被色彩感動，讓色彩觸及我們靈魂深處，它就能打動我們，讓我們活躍——進而帶給自己最純粹的快樂。

讓色彩來到你心中，就意味讓自己充滿生命力。現在你已發現回歸生命喜悅最直接的途徑。

馬諦斯這句話也清楚描繪出我主張的那種透

徹、精闢的智慧。這種智慧不是用來保護自己不受考驗干擾，而是去讚許生命的力量。

「如果你想與眾不同，

那就活得像個人吧；

能做到的人已寥寥可數了。」

——馬克斯・雅各布*

* **馬克斯・雅各布**（Max Jacob, 1876-1944）：法國詩人，畫家，作家和評論家。他是畢卡索在巴黎最早的朋友之一，兩人結識於一九〇一年夏天，雅各布幫助年輕的畢卡索學習法語，後來彼此成為終生摯友。雅各布的猶太血統導致他在巴黎解放前六個月遭蓋世太保逮捕，被法國憲兵關押於德蘭西集中營（camp de Drancy），五天後病逝。

如何面對困難

有時，人們會因為尼采陷入瘋狂而譴責他，或是不認同吳爾芙（Virginia Woolf）選擇了投河輕生。我們認為，莫內（Claude Monet）畫出的《睡蓮》之所以沒有輪廓，是因為他視力有問題，還將梵谷（Vincent van Gogh）作品的濃烈色彩，歸因到他罹患癲癇。

這些創作者之所以能創造出這些作品，並不是因為他們經歷過某種痛苦或罹患某種疾病。事實上，他們成功的祕訣是在於如何面對當時的困境。

一個天才的誕生，歸功於他如何與自己的傷痕產生連結，從中學到關於人性的寶貴一課。

不過我們很難接受這樣的說法。

我們認為英雄是那些天下無敵的男人，或是總是頂著完美髮型、經常出國四處旅遊的女人，還做著人人稱羨的工作。至少這是社會大眾要人相信的。

許許多多的專家與論述都在助長這個謊言，試圖教人如何永遠保持巔峰狀態，永遠必須表現出色，絕對不能心懷不軌，感到不安或是痛苦！

若是被這些讚頌完美的專家論述牽著鼻子走，我們只會愧疚自己只是個普通人。

活得像個人

詩人馬克斯・雅各布說得好：「如果你想與眾不同，那就活得像個人吧；能做到的人寥寥可數了。」

可是，如果沒人做得到，我們要怎麼活得像個「人」呢？

沒有比這更簡單的了！只要放過自己就行！

我慢慢才意識到問題的關鍵所在：我們為了獲得他人青睞，為了得到一項任務、一份工作……不惜任由他人對我們大肆品頭論足，任人對我們打分數。我們內化了這樣的觀點：我們要求自己不帶任何情緒，也不能展現絲毫不安與猶豫。

現在，讓我們放過自己吧，讓我們允許自己活得像個人。

詩人的沉思

但是要怎麼活得像個「人」呢？詩人雅各布給了這個建議：

他寫道，「我們不是要透過沉思去感受文學家的想法，而是讓自己相信、並且回歸到最基本的元素，發掘蘊含其中的情緒。像個演員那樣去醞釀、培養它，去感覺這個情緒在身體裡，慢慢地下移至肋骨靠近腹部的位置。那裡就是太陽神經叢（plexus solaire），也是靈魂的所在。」[1]

事實上，雅各布說得對，活得像個「人」，就意味回歸最根本的基石——回歸到比個人成就，比勝負成敗更深層的東西

這需要勇氣！面對自己的人性時，我們發現自己可能會被觸動、受感動，同時也會受傷……所以感到害怕。

我們相信，接近這塊柔軟之處，會讓人無能為力，變得太過脆弱。因此要儘快武裝自己，鑽進保

---

1 Max Jacob, *in* Yvon Belaval, *La Rencontre avec Max Jacob*, Paris, Charlot, 1946, p. 124.

護殼，扼殺真正的內心感受。

然而這是完全的本末倒置。正是因為害怕認識自己的真面目，於是我們才不知所措，變得虛偽、嚴厲而粗暴。

「面對自己的缺點，稍安勿躁，
也別輕易糾正。
否則你拿什麼替代？」

——亨利・米肖*

* **亨利・米肖**（Henri Michaux, 1899-1984）：法國詩人，畫家。他在一九三〇至三一年曾到日本、中國、印度旅行，並將遊歷亞洲的經歷寫成富於東方意味的詩歌《一個野蠻人在亞洲*Un barbare en Asie*》。當中的佛教思想及東方書法都成為他日後許多詩歌和畫作的靈感來源。

懂得欣賞自己

當我們發現自己的缺點，往往會羞愧不已，並且試圖糾正。我們急著拿起橡皮擦，想擦掉身上所有令人討厭的東西。

一般認為的「大智慧」不就是這樣嗎？——一塊很好用的橡皮擦！

你因為某個缺點而生自己的氣，非得除之而後快。

要是碰到另一個令人氣餒的缺點，那就拿起橡皮擦繼續擦吧。

可是，缺點一旦全都擦掉，我們會變成什麼樣子？

單調，毫無特色，沒有生命力的人。

不過，終於能夠擺脫缺點，難道不是很好嗎？

才怪。正如詩人亨利．米肖問道：我們要用什麼取代它們？

拿起橡皮擦塗塗改改修正缺點，非但無法幫助我們解決任何事情，到頭來只會傷害我們。「面對自己的缺點，稍安勿躁」——你必須面對自己的缺點。拿缺點來做點什麼都好，你可以畫出它們的樣貌，把缺點變成怪物或是小仙女。

這是偉大的藝術家教我們的重要一課，他們不願為了融入社會規範，而變得枯燥乏味。

他們知道如何將自己的缺點化為力量，創造優勢與機會。

如果你有缺點，太棒了！趕緊去探索它們吧。

排隊感到不耐煩

你正在櫃檯排隊等待結帳，長長隊伍不見前方，你越等越焦躁。

你甚至對自己的反應感到不快。心想，唉！要是我能多點耐性就好了。可是這句話非但沒讓你冷靜，反而令你更加惱怒。

認為自己要是沒有不耐煩，就會成為更好的人。這種想法真奇怪！

我身邊認識那些最傑出的人絕非完美無瑕，但他們知道如何善用自己的缺點。

缺點本身並非問題，因為我們想擺脫缺點，它才成了問題。缺點變得更為沉重、教人咬牙切齒。要是能夠真心喜歡自己的缺點，你就能發現其中蘊含的美妙智慧，從中獲得珍貴的回報。

那麼，我們該如何看待自己的缺點？

學著聆聽缺點

如果你想知道該如何看待自己的缺點，首先要確認，究竟是什麼令你煩躁。去感受這個缺點或那個毛病有多麼討人厭，覺察你有多想擺脫這種不耐煩、恐懼、尷尬與害羞的感覺。當這些感覺出現時，去感受你對它們的憤怒。現在你可能覺得更厭煩了吧！

讓我們試試另一種方式。

請你傾聽你的問題，好似聆聽一段音樂，帶著好奇和興趣去感受它的節奏、旋律……你可能會發現，你的不耐煩彷彿在閃爍，在旋轉，在激勵你前進。

透過這個練習，你正在與自己和解，同時也為你和缺點之間的長期抗戰畫下句點。你會發現，似曾相識的缺點已脫胎換骨變成新的樣貌，你甚至認不出它了。

那些缺點非但不會再傷害你，甚至還會變成你的寶藏。

「許多東西應該是沉重的，
販賣靈魂的商人
卻想將一切輕輕帶過。」

——奈莉・沙克絲*

* 奈莉・沙克絲（Nelly Sachs, 1891-1970）：德國猶太裔詩人、劇作家。出身柏林的沙克絲在一九四〇年為躲避納粹迫害而流亡瑞典。一九六六年獲諾貝爾文學獎，評審認為其作品以觸動人心的力量，詮釋了猶太人的命運。

懂得何時微笑

可曾有人要你在擔心或難過時，仍舊保持微笑？

遇到這種狀況，我會很不自在。表現出心情沉重似乎有罪似的。

發自內心的微笑是美好的，可是，微笑如果意味必須假裝表面沒事，那就不是這樣了。

從小到大，別人總是批評我太過嚴肅。沒錯，我經常庸人自擾，想得太多，對所有事情總是上心，甚至太過在意。年輕時，我試圖改變自己，但效果實在不彰。

奈莉·沙克絲是一九六六年諾貝爾文學獎的詩人得主，我在讀到她的一句話時，頓時豁然開朗。

「許多東西應該是沉重的，販賣靈魂的商人卻想將一切輕輕帶過。」

將一切輕輕帶過：這麼做，表面看似積極正向，事實上卻是相當粗暴。

將一切變得愉快，就是在迴避那些令人不快、需要改善、改變甚至摒棄的事情。這只會讓我們變得無能為力。

你要當爸爸了

我有一個朋友即將當爸爸了，他對此相當不安。況且，所有人無不認為他應該沉浸在快樂之中才是，他自己怎麼會大感不安呢？

其實這是本末倒置的想法。我們首先得承認，為人父母是一份沉重的責任。

唯有正視生兒育女是一件責任重大的事情，才能真正體會其中的喜悅。

這一點，希臘人早就透徹明白。於是他們發明了悲劇，讓人為自己的承諾和決定負起責任，學著重新發現生命神聖的真理。

這些話可能會引起誤解。我們並不是要將事情變得沉重。想讓一切變得沉重，或將一切輕輕帶過，這兩件事基本上都犯了同樣的錯誤，都是在剝奪事物真正的重量。

然而，活得像個人是一門藝術，我們必須明智衡量各種情況與每件事情，明白哪些要淡然處之，哪些又需要還原其應有的重量。

正視你的情緒

要學會正視情緒這門藝術，請你想想當下或是最近這幾天，自己曾經出現哪種情緒？

請花一點時間去體會這些情緒。

你在身上哪個部位的感受最直接？這個情緒是出現在你的胸腔、腹部，還是喉嚨？

如果它有形狀，那會是什麼樣子？如果它有色彩，那會是什麼顏色？

這個情緒帶著什麼樣的感覺？是緊繃感、壓縮感，還是熱熱的感覺？

現在，你也許能說出那是什麼樣的情緒：是悲傷、孤獨，還是溫柔……

透過這樣的探索過程，你重新賦予了情緒該有的重量。既沒有輕輕帶過，也沒有過分的沉重。

「嘗試過、失敗過，沒關係；
再嘗試、再失敗，敗得更漂亮。」

——薩繆爾・貝克特*

* **薩繆爾・貝克特**（Samuel Beckett, 1906-1989）：愛爾蘭、法國作家，創作領域包括戲劇、小說和詩歌，尤以戲劇成就最高，《等待果陀*En attendant Godot*》即為其名作。一九六九年，貝克特因「以小說與戲劇的新形式，以崇高的藝術表現人類的苦惱」而獲諾貝爾文學獎。

失敗的藝術

你害怕失敗嗎？失敗會令你痛苦嗎？

如果是，那麼，貝克特的這句話正是為你說的。它完全顛覆了失敗就是犯錯的觀念。

接受失敗，敗得更漂亮

你想學習新的專長嗎？例如跳探戈舞、划船運動，或是任何其他活動。

剛開始學走路的小朋友不會因為摔倒而氣餒，因此斷定自己做不到。相反地，他們必須不斷跌倒，才能學著站起來，繼而漸漸學會走路。

如果你不想跌倒，就別想站起來，甚至也不用活了。

拒絕失敗，就是判定自己束手無策。接受失敗，才有可能獲得成功。

但貝克特並非只是要我們去接受失敗，**然後**獲得成功。他要我們敗得**更漂亮**。

為什麼？他是想讓我們陷入失敗與痛苦嗎？不

是的，而且恰恰相反。

「敗得更漂亮」意味著「徹底了解失敗的真諦」，「懂得如何融入生命的律動」。

你看過普魯斯特刪改得面目全非的手稿嗎？他的失敗是多麼成功的例子！

普魯斯特在他刪掉的每個地方貼上他自製的小紙捲（paperolles），以便在這裡加上一句、那裡添上一段。他證明了，懂得失敗的藝術，才能成為偉大的作家。

普魯斯特每次重讀自己的作品，總會不斷發現哪裡不對勁，而後試著新增或刪減一個段落。所以，重點不在於克服失敗，而是去擁抱失敗，甚至不惜全盤推翻原本的計劃。

如何面對不順遂

一路聽我說到這裡，你已經能接受失敗是人生的一部分。

但你還無法完全認同，因為失敗有時令人痛

苦。

舉個日常生活中的例子。你邀請了幾個朋友到家中用餐，但你親手準備的派嘗起來有一股焦味，你懊惱不已。

讓我們仔細分析隨後會出現的反應。

常人第一個反應是生氣，先怪罪烤箱是不是出了問題，或是孩子選了最糟糕的時機來打擾，或是乾脆總結自己反正就是個差勁的廚師。

上述任何一種反應都令人惋惜。

如今世人都在想著如何才能成功，卻沒有學著接受事情發展本不會盡如人意。

要如何才能戰勝這些鳥事呢？

別再沉浸於憤怒或絕望當中。你必須體認自己受到傷害、感受到自己的痛苦。這就是敗得更漂亮，也就是坦然面對自己的脆弱與人性。你能允許自己去體會你的感受嗎？你願意接受事情總非如你所願嗎？

「聰明天生不懂人生。」

——亨利・柏格森*

* **亨利・柏格森**（Henri Bergson, 1859-1941）：法國猶太裔哲學家，以其優美文筆和具豐富吸引力的思想著稱。柏格森在一九一四年獲選為法蘭西學院院士，同時也是一九二七年諾貝爾文學獎得主。

如何找回生活的深度

如果這句話不是出自法國最偉大的哲學家之一的亨利．柏格森之口，我們可能會誤以為這是一句玩笑話。

聰明的人怎麼會不懂人生？聽起來有點誇張。

相反的，聰明這個特質能讓人跳脫本能反應與偏見，而這正是這個世界欠缺的。

「聰明天生不懂人生。」柏格森到底想說什麼？

要了解這句話，得先從聰明談起。

聰明是使一切井然有序的思維，能讓我們在錯綜複雜的現象中發現不變的元素與定律，進行歸納與統整。這真是太棒了！它讓人類對真實的世界有更多的認識。

但問題是，我們個人經驗的時間，生活的速度與強度也因此遭受大幅壓縮，我們每天都在匆忙中完成每件事情。

換句話說，聰明有時讓我們失去了人生！我們自己的人生！

你常覺得無聊

你會覺得無聊嗎？

這可能是因為你太聰明了。沒錯，不要懷疑。

比如，你要去另一半的父母家吃飯。一到那裡，你就已知道你們會吃些什麼、聊些什麼了，而且開始覺得厭煩。

事實上，你之所以覺得無聊或厭煩，是因為你的大腦正將這頓飯概化成一次稀鬆平常的飯局。你品嘗的不是眼前這盤番茄沙拉，而是番茄沙拉的抽象概念。你的大腦正在將這盤沙拉變成你認識的「沙拉」，而不是一道獨一無二、需要細細品味的沙拉。

如果想讓生活更精彩，就要拋下你的聰明，回歸到你的感知、你的情緒、你的感覺，這些比較不籠統、不僵化之處。

的確，我們必須做出一些努力，才能放下習以為常的聰明，轉而追求豐富且獨特的體驗，然而這是值得的！

如何擺脫太過聰明

喜歡凡事預設立場的假聰明令人毛骨悚然。讓我們做個簡單練習，先將它放在一旁。

此時此刻，敞開你的心胸，單純地去感受生命當下的多采多姿。

也許你之前從未注意過的細節，會清楚浮現在你眼前。例如眼前的燈罩或地毯的圖案。你一天到晚都看到這盞燈或這張地毯，然而，這是你有生以來首次以開放的眼光仔細端詳。

如果你想變得快樂，必須學著每一次都以這種全新的眼光看待一切。

「人不該試圖消弭自身的曖昧性，
而是應去認識。」

——西蒙・波娃*

* **西蒙・波娃**（Simone de Beauvoir, 1908-1986）：法國作家、存在主義哲學家、女權主義者。一九四九年出版的《第二性*Le Deuxième Sexe*》是西蒙・波娃最為人所知的作品，對女權主義式存在主義和女權主義理論影響甚深。

別再流於片面的理解

「人不該試圖消弭自身的曖昧性，而是應去認識。」

這句話確實不容易懂，所以讓我們好好花點時間來理解。

所謂的曖昧性，就是同時具有多重意義、不同的層面、特徵以及發展方向。我們一般都會希望避免這種雙重矛盾。

我們試圖以單一觀點去解釋一切，不惜流於片面理解，這就是追求效率的代價。

事實上，許多政治和意識形態的言論，都試圖要刪除所有曖昧、含糊、難以理解的表述。為了提出一套非黑即白的論述，因而犧牲了多樣的色彩與灰色地帶。

在專業傳媒當道的時代，這甚至成了全民運動！

你必須做出決定

不過，消弭曖昧性永遠是對的嗎？

讓我們舉個日常生活中的例子，你就會更明白。

比如，你必須決定是否要與某人繼續交往，該不該搬家，或是換工作。

你猶豫不決。

你以為自己遇到了困境，事實上，這卻是個機會。

你之所以能夠猶豫不決，是因為你有選擇的自由。

不論發生什麼事，如果人生只有一種選項：一個人、一間公寓、一份工作，那就太悲慘了。

能夠抉擇，人生才會多彩多姿。

但相對的代價是，要接受我們永遠無法完全確定，自己是否做了最好的決定。

自由令人目眩神迷，我們卻老是忘記提到這一點。

西蒙・波娃熱愛自由，正因為如此，她才會再三強調企圖簡化一切可能招致的風險。

當今的主流意識鼓吹我們應該心平氣和，以和為貴，完美掌控人生的一切。事實上，這麼做只會剝奪我們的自由。這太可怕了！

我們反倒應該學著活在曖昧當中，也就是活在開放與可能之中。

幽默感的練習

要怎麼做才能活在曖昧當中呢？此時，透過練習學習保持幽默就很寶貴。

具有幽默感，就是意識到我們每個人心中都住著一位電影丑角或是一位喜劇演員（例如夏爾洛或是巴斯特・基頓[1]），並且向他們學習。

比如，你才剛買了一雙新鞋，幾天後又在店裡看到另一雙更喜歡的鞋。你有點後悔了，當時你應該買這雙才對。

---

1 夏爾洛（Charlot）是喜劇演員卓別林（Charlie Chaplin, 1889-1977）扮演的流浪漢名字，這個角色留著一撇小鬍子，頭戴黑色禮帽，手持拐杖，笨手笨腳，但心地善良。美國演員巴斯特・基頓（Buster Keaton, 1895-1966）以在默片中堪稱個人招牌的面無表情和肢體喜劇風格聞名於世。

這時，你要想想自己心裡的夏爾洛會如何看待這些不順遂與困惑，然後學著一笑置之。

我們一旦將事情看得太嚴肅，就會對不確定性感到恐懼。學會在任何情況下都能自得其樂，就代表我們擺脫了嚴肅態度，不再神經兮兮。

讓我們換個角度、用更廣闊的視野看待事情，那麼一切都會變得更容易。

「喝完一杯咖啡，

杯底還留有一些時間思考。」

——葛楚・史坦*

* **葛楚・史坦**（Gertrude Stein, 1874-1946）：美國作家、詩人，移居法國後常在巴黎左岸六區的27 rue de Fleurus自家舉辦沙龍聚會，文人、藝術家在此匯聚一堂，成為現代主義文學與現代藝術的發展觸媒。

關於日常生活的哲思

奇怪，為什麼喝咖啡能讓人思考？

我們以為，思考是一種智識性的反思。儘管日常瑣事帶給我們許多樂趣，相對而言卻有些膚淺而平庸。

葛楚．史坦完全不這麼認為。她是二十世紀的傑出女詩人，也是畢卡索的朋友。畢卡索一幅最有名的肖像畫作就是為她而畫。她認為，日常生活中的所作所為，無不蘊含著深刻意義，足以改變我們的生命。

當你壓力很大時

當你覺得壓力很大時，建議你：去喝杯咖啡吧。如果你不愛喝咖啡也沒關係，喝杯茶或花草茶也可以。

重點在於好好享受這杯飲料。只要這麼做，你和時間的關係就改變了。

記得察覺咖啡的芬芳和它獨特的味道。一邊品嘗咖啡，同時也揚帆而起，重新啟航，讓自己在時間之流當中沉浸。

換句話說，喝著咖啡的同時，你也做著和喝咖啡沒有直接關連的事情。你讓自己從日常事務中抽離，這就是為何這一刻會讓你萌生新的想法。

咖啡喝完了，但時間還在，你還擁有片刻悠閒。

簡單來說，最重要的是在你休息片刻之際，一切都改變了。幾分鐘前還令你火大的事情，此時已不再那麼讓人生氣，而且你也比較回復理智了。

但萬萬別將這種深刻而豐富的經驗和許多人所稱的小確幸混為一談。我不是要你為一些雞毛蒜皮的小事而喜悅，這實際上有點蠢，而是要讓你自己的生活徹底解放。

史坦在移居巴黎之前，曾經是威廉・詹姆斯[1]的學生，並且熱情地追隨這位美國哲學家。詹姆斯重新思考人的意識。他解釋，人的思緒狀態就好比

1 威廉・詹姆斯（William James, 1842-1910）：美國哲學家、心理學家，是美國歷史上最富影響力的哲學家之一，被譽為「美國心理學之父」。他也是名作家亨利・詹姆斯（Henry James, 1843-1916）的哥哥。

時而飛翔、時而停歇的鳥兒。找回這種交替的節奏，才能重新感受活著的喜悅。

當你停下來喝點東西時，你會發現，你的思緒不再是一列持續奔馳的列車，而是一場節奏不斷變化的舞蹈。

淋浴時的冥想練習

你可以將這個練習應用在所有能讓你暫停片刻的活動裡，改變你和時間的關係。

所以我自己特別喜歡在淋浴時做個練習。淋浴時，我讓自己沉浸於熱水帶來的愉悅，暫時忘卻煩惱。洗完澡後，我感覺自己煥然一新，一切都不一樣了。

那你呢，有哪些事情是完成之後，還能讓你有餘裕思考的？

「沒有關注當下，
就無法了解過去。」

——馬克・布洛赫*

* **馬克・布洛赫**（Marc Bloch, 1886-1944）：法國歷史學家，年鑑學派創始人之一，專精中世紀法國史。二次大戰法國遭納粹占領期間，布洛克因投身反抗運動及其猶太人血統，遭到蓋世太保逮捕及處決。

懂得提問

馬克・布洛赫是法國二十世紀上半葉最偉大的歷史學家之一。

「沒有關注當下，就無法了解過去。」他的這句話令人困惑，因為我們自然而然會認為，歷史是研究過去發生的事情。

然而，世界上並沒有所謂既定不變的事情，存在於某個特定時空需要人去發現，也就是說，客觀的過去根本不存在。

這聽起來令人驚訝。但布洛赫說的很對，唯有當我們對過去提出問題，它的樣貌才會浮現。我們無法像列出一張購物清單那樣地去認識過去。我們唯有在研究過去的時候，才會與它相遇。

這就是為何歷史學家的任務是提出問題，而不是記錄事實。

重新回想過去

你也可以回想自己的人生，因為人生也是如此。唯有當你對它提問，它的樣貌才會浮現。

如果你曾在童年遭遇過重大的困難，你也可以以當下為基點，重新審視那遭遇。

例如，有件難以啟齒的往事可能被你遺忘多年。突然間，它又再度浮現。這通常並非偶然。

我們自己的過去絕非一成不變。你人生中的某段插曲是會浮上檯面，還是繼續埋藏下去，都取決於現在的你是否有足夠的能力去接受它。

同樣地，你一生中也會在不同的時刻，以不同的方式，去詮釋你受到的傷害，或是發生在你身上的事。

彼時看似痛苦的經歷，此刻或許卻能夠引導你朝著正確和有益的方向前進。

身為人，我們必須不斷面對自己的過去，如同我們必須不斷重新思考世界的歷史。

巴黎聖母院的那場大火

許多人和我一樣，目睹巴黎聖母院遭大火燒毀時非常震驚。

為什麼呢？

如果我們認為巴黎聖母院不過是一座一成不變的法國中世紀古蹟，就無法理解為何會有那麼多人，甚至那些非基督徒，或是對古蹟不感興趣的人，同樣也受到這場大火震撼。

因此，讓我們學著用布洛赫的方式提問，聽聽巴黎聖母院對我們說了什麼：不是它過去說了什麼，而是它現在正說著什麼。

巴黎聖母院的尖塔高聳入天，你無須具備任何建築知識，也能感受到那種目眩神迷的上升感。

巴黎聖母院體現的能量，並非機場那種商業貿易特有的流動性，而是能讓人體驗到某種較個人更宏大、超越自我的東西。每個去過聖母院的人，都能依據自己的過往、工作與生活經歷去體驗。

對每個人來說，聖母院尖頂遇火倒塌，就是這種上升感的崩解。

「切莫鄙視任何人的感性；
那正是他的天賦所在。」

——波特萊爾*

* **夏爾・波特萊爾**（Charles Baudelaire, 1821-1867）：法國詩人，象徵派詩歌先驅，散文詩的鼻祖。著名代表作包括詩集《惡之華*Les fleurs du mal*》及散文詩集《巴黎的憂鬱*Le Spleen de Paris*》。

理性若非人的本性？

我們自然會認為，理性是人的本性。這種認知源於歷史長遠的傳統：它認為身體是低等的，而位於身體頂端的頭部，則能引領我們進到一個更為崇高的層次。

在這種觀念作祟下，我們從小接受的教育就是要人擺脫這種受肉體支配、不精準又模糊的感性，以便生成清晰的概念和推論。

波特萊爾的這句話卻讓我們徹底改觀。他認為感性並非含糊而盲目，而是一種深刻、獨特，並且具有決定性的知識。

你「應該」去海邊走走！

你正在度假，而且已經計劃好每天下午都去海邊走走。但是，你真的想去嗎？

我之所以這麼問，是因為去年夏天我有個朋友驚訝地發現，自己其實並不喜歡去海邊。但是她從來不敢讓自己有這樣的念頭，強迫自己遵循家族旅行的慣例。

察覺自己的感受並沒有那麼容易。事實上，很多人甚至缺乏這種珍貴的能力，他們根本不知道自己喜歡什麼。

波特萊爾要我們更深入地去發現，感性不僅僅是一種知識，感性也是你我自身的天賦，會在人生路上為你我指引方向。選擇職業時，我不只要考慮我的技術能力，還要將我的感性，我喜歡什麼，什麼會讓我快樂一併納入考量。

這就是為何我會認為新進醫生的招聘選拔出了問題。我們只關心他們的物理和數學成績，卻忽略了身為人的感受，對人的感受，以及對疼痛的感受。

當然，要成為一名好醫生，醫術很重要，這是基本的必要條件，然而單有醫術是不夠的。臨床治療、診斷能力、傾聽病患心聲，以及和患者交談的能力——這些都是極其重要的感性特質。為什麼不將這些再納入考量呢？

探索感性需要耗費許多心力。我們沒有受過這方面的訓練，因此這對我們來說更加困難。

在學校裡，大概只有藝術相關課程提供了一條指引。比如，我們在音樂課學會聆聽聲音，以及聲音又是如何觸動我們。但是這樣的教育方式卻又非常侷限。

學著鍛鍊感性

讓我們學習鍛鍊自己的感性。你可以用周遭任何的事物開始練習。例如，就用水果吧。請你去買幾顆當季水果，花點時間「感受」。

你可以拿起其中一顆握在手上，聞聞它的氣味，接著再換另一顆試試。

請欣賞它們的顏色，觀察外皮的質感。

也許在觀察之際，你發現你想吃杏桃，而不是草莓。太棒了，這是一個很好的開始。

請好好專注感受自己和水果的關係，讓自己沉浸在感性當中。

這些簡單的練習，能讓你重新發現自己獨特的天賦。

「對世界的存在感到驚奇。」

——路德維希・維根斯坦*

* **路德維希・維根斯坦**（Ludwig Wittgenstein, 1889-1951）：奧地利哲學家，後入英國籍，為二十世紀最具影響力的哲學家之一，研究領域主要在邏輯學、語言哲學、心靈哲學和數學哲學等方面。

生命的意義

維根斯坦是二十世紀最偉大的哲學家之一，他一生僅有過一次公開演講，並且以倫理學為演講主題。

維根斯坦在演講結束後語氣一轉，以第一人稱的口吻透露，對他而言，生命的意義在於對世界的存在感到驚奇。

這令人出乎意料。因為我們總以為，哲學主要是在進行概念性的思考。維特根斯坦卻說我們錯了。

花點時間仰望天空

「對世界的存在感到驚奇。」若是從非常嚴謹的角度來看，這句話其實毫無道理。

某位朋友突然要搬到十萬八千里外的異國，得知此事時，我大為驚訝，因為這完全出乎我意料。自家大樓中庭突然出現一隻跟羊一樣大的狗，我看到時也會感到驚奇。換句話說，當一些不太可能、甚至不**應該**發生的事情發生時，我們會感到驚奇。

依照這樣的說法，對世界的存在感到驚奇其實不太合理，因為世界一直都在。只有當世界不存在的時候，才會感到驚奇吧！。

維根斯坦要表達的，究竟與這有何不同？

為了體會維根斯坦的這句話，我用天空舉個例子吧！

當你仰望天空，你發現它是晴空萬里，而不是烏雲密布。請先試著打從心底為這件事情感到驚奇。你可以試著在心裡默默說：「天空現在竟然是晴空萬里，而不是烏雲密布，這真是太神奇了」！

接著，再去感受天空的存在是一件多麼值得令人驚奇的事。「這世上竟然有天空，太不可思議了」！

現在你是否明白，維根斯坦所說的是另一種截然不同的體驗。

要對天空感到驚奇，你必須處在當下，並且全然處在當下，並且非常根本地改變你習以為常的生活、認知、感知與思考方式。

第一種經驗與邏輯有關。維根斯坦所說的第二種體驗，嚴格來說，是完全無法以邏輯解釋的。但他立刻強調，這不表示我們就應該否認它的重要性。

因為它非常深刻地闡述了生命的意義，那是一種個人、而且私密的經驗。維特根斯坦稱之為倫理。

學著感到驚奇

現在，請你試著對世界的存在感到驚奇吧！

你可能會覺得這樣的練習很抽象，其實這非常簡單。

不過，困難之處在於你必須真的親身體驗過，才有辦法理解。

就像我提到一種你從未嘗過的水果。我說得越多，你只會越覺得我的話晦澀難懂。

然而，其實你也知道，我說的這種水果一點都不抽象——你甚至可以買來吃吃看。

其實，哲學就是去品嘗未知的水果。它讓我們以截然不同的方式去體驗各種事物，體驗我們的生命與困境。

我們完全錯了，哲學它一點也不抽象。

哲學鼓勵我們追求嶄新的體驗，儘管表面看似抽象，實際上卻和你我密切相關。它要我們從行為和觀點上徹底改變，以獲得真正的啟發。

另外一派完全相反的哲學觀，則提供了一套完整的實用建議，它會讓人完全陷入自身的錯誤與盲目，無法逃脫。這種哲學才是抽象的，它與現實沒有關聯，與我們的生活完全脫節。

這兩種哲學觀的差別，就在於是否能對世界的存在感到驚奇。

這場冒險具有深刻的哲學意義，因為唯有透過對世界感到驚奇這種嶄新的體驗，才能徹底改變我們的存在。

「詩
是最貼近大地的第一層空氣。」

——瑪琳娜・茨維塔耶娃*

* **瑪琳娜・茨維塔耶娃**（Marina Tsvetaïeva, 1892-1941）：生於莫斯科，俄國文壇一九〇〇至一九二〇年「白銀時代」詩人和作家。她在十八歲出版首部詩集《傍晚的紀念冊*Vecherniy albom*》，原本移居巴黎的她因同情蘇聯，先是鼓動丈夫帶女兒回國，自己也在一九三九年帶兒子回到蘇聯。

毫無人性的計算

如今，真實的世界已被簡化成各式各樣的計算與統計數字：大學成為學術排行榜上的排列數字；失業民眾被簡化成抽象的統計曲線。就這樣，世界的面貌逐漸被統計數字抹去。

這種新興的狂熱就和所有狂熱一樣，迫使我們對現實做出片面和僵化的解讀。

這種解讀壓得人喘不過氣，我們要是真的照單全收，甚至會淪為行屍走肉——由一堆數據構成的行屍走肉。

實際上，我們每天所做的事情都是真真實實的：洗澡、煮飯、交談、回應某個請求、小心翼翼穿越馬路……這一切都和計算毫無關聯，而是取決於我們當下的存在。

容我再進一步說明。

我記得生平第一次來到布列塔尼，是在我年輕那時。令我大為吃驚的是，我明明見到了風景，卻像是什麼也沒看見。

當然，我的確看到了大海、岩石和天空。儘管一切都很美，我卻感覺自己置身在一張風景明信片裡，很不真實。

好幾天過後，我才有辦法發自內心被深深打動，而不再只是個旁觀者。

唯有努力抱持開放態度，不做任何干涉，才能真正感受當下。

你無法投入工作

要如何才能跳脫慣例，不再透過「風景明信片」的框架，以及過往的經驗看待事物？

我告訴你，祕訣就是透過工作！因為工作的時候，我們會感到與真實世界接軌，同時創造出真切、具體的事物。

這確實不易理解，因為對我們而言，工作是艱苦的勞動，甚至是某種懲罰。我們深信此刻必須先犧牲自己，日後才可能得到些許回報。

但是，如果你的工作能夠開拓生命，那就完全不是這麼回事了。

只要秉持這種工作態度，不論你在任何領域耕耘，都將開花結果。像是努力演奏一首樂曲，辛苦耕耘讓花朵綻放，幫助孩子成長——這些讓人內心充滿幸福感的事情。

在我列舉的這些例子裡，激勵人們前進的是駐足內心的熱情，正是這份熱情讓人更全然地擁抱現實，並且看清現實的樣貌。世界也會因此予以熱情的回應。

活著的感覺

瑪琳娜．茨維塔耶娃認為，從這個意義上來說，所有的工作都與詩有關，詩能幫助我們揭開「事物的祕密」。

我的祖父是一名裁縫，記得小時候我曾久久凝視他工作時的樣子。他能洞悉事物真相，他的雙手是那麼靈巧地碰觸一切，這也是我對詩最初的啟蒙。

那你呢，什麼會讓你有「活著」的感覺？

我們常誤以為，詩就是歌頌當下，和那些枝微末節。這想法不但太過天真、狹隘，也無法讓人有活著的感覺！

當你不再受困於常規和習慣，不再被各種算計和一成不變的事情羈絆，你才有活著的感覺。

少了詩，當下是如此沉重、平庸而乏味。因為，「詩是最貼近大地的第一層空氣」。

「關心你自己。」

——蘇格拉底*

* **蘇格拉底**（Socrates, 470 BC- 399 BC）：古希臘哲學家，和其追隨者柏拉圖及柏拉圖的學生亞里斯多德並稱為「希臘三賢」。蘇格拉底被認為是西方哲學的奠基者，但並無留下著作。

為何要關心自己

「關心你自己。」這句話總結了蘇格拉底的思想，也為整個西方哲學拉開了序幕。

蘇格拉底來到廣場上，逢人就問他們過著什麼樣的生活。有一天，他遇到出身良好的年輕人阿爾西比亞德（Alcibiade），他正忙著找一份好工作。他希望受人敬重，掌握更多權力。

蘇格拉底對他說：好，我了解。但是，你關心你自己嗎？

阿爾西比亞德斯完全不懂他在問什麼。

這個問題的確令人困惑。

每個社會都要我們自我奉獻，有時甚至要我們犧牲自己，這位哲學家卻要我們好好關心自己！

雅典人為此勃然大怒，還判了蘇格拉底死刑。

雅典人認為，教育要培養的是能直接進入勞動市場的高效率勞工，而不是獨立思考的自由人。

這和我們的現況如出一轍，而且絕非偶然。

有個問題困擾著你

關心你自己——很遺憾的是，蘇格拉底的這個建議產生了兩種誤解，完全扭曲了它的本意。

第一個是，人們誤以為關心自己就是與外在世界斷開連繫，躲進斯多噶學派所謂的「內心的堡壘」。

這是天大的誤解！蘇格拉底並沒有要我們當個遁世離群的苦行僧。他要我們更為積極地投入這個世界，而不是逃避。

另一個誤解是將關懷自己錯認為控制衝動與壓抑情感。

然而蘇格拉底認為，關切自我非但不是要控制什麼，而是一種近乎放下自我的解放。

蘇格拉底不是要教你過著安靜乖巧、聽話安穩的人生，而是要徹底顛覆你的生命立場。

如果蘇格拉底前來與你交談，你非但得不到片刻安寧，反倒還會渾身不自在。

你可曾因為什麼事而煩惱嗎？太棒了！因為這是體驗哲學最好的方式。

如果擺脫煩惱並非獲得內心平靜的法門，那我們究竟該如何面對困難？

蘇格拉底會怎麼做？

想要知道答案，我們就按照蘇格拉底的方式試試看吧！

柏拉圖告訴我們，蘇格拉底經常保持靜止不動。有一次，他甚至從早到晚站了一整天。所有人都摸不著頭緒，不知道蘇格拉底究竟在做什麼？

遇到困難時，蘇格拉底會讓自己沉浸在煩惱中一陣子，什麼都不做，也不尋求解決之道。

你不必學他保持靜止許久不動，而是讓自己回到所謂「不知」（non-savoir）的狀態，去探索一種比任何立場、信仰和身分更基本的面向。

如此一來，一切真的都會完全改變！

哲學思考不是要窮盡所有答案，也不是要掌握複雜知識，而是要責無旁貸地去思考現在、也就是此時此刻，什麼對你而言是重要的。

「專注，

是所有人隨時可以獲得的奇蹟。」

——西蒙娜．韋伊*

* **西蒙娜．韋伊**（Simone Weil, 1909-1943）：法國猶太人，神祕主義者、宗教思想家和社會活動家，影響戰後歐洲思潮甚深。年僅三十四歲即早逝的韋伊留下大約二十卷著作。重要著作為《紮根：人類責任宣言 *L'Enracinement*》，五〇年代至六〇年代，該書在歐陸和英語國家廣為人知。

擺脫數位成癮

面對令人分心走神的大眾媒體，談談專注的必要性，反而突顯出一種獨特的風采。

近期的調查無不顯示，我們能夠保持專注的時間越來越短，平均大約只有九到十秒。超過這段時間，大腦就會停擺：接著我們就需要新刺激、新訊號、新警示、新建議。

我們希望借助數位技術拓展知識和人際關係，它反而卻成了我們的絆腳石。

二〇一七年，美國心理學會（American Psychological Association）的一項研究指出，每個人在博物館裡欣賞一件藝術品的平均時間是二點八秒。這種情況下，我們是不可能樂在其中的。

學著聆聽

下回與人交談時，試著保持專注。

的確，這不是那麼簡單的事。

事實上，我們不太知道如何保持專注。我們會下意識地讓肌肉僵硬，下巴緊繃。我們告訴自己一定要專心，但這麼做只會讓我們更加緊張。重點在於讓自己保持開放，並且做好迎接一切的準備。

這就意味必須承受某種程度的不確定性。

為了真正地聆聽對方，我們事先得用開放的態度，對他們要說的事情保持一無所知。

這太令人焦躁不安，於是我們選擇不再聆聽。

新興科技對這一點瞭若指掌，它操弄著神經科學關於大腦的知識，過度刺激大眾的注意力，使我們不再感到不確定。

然而，這是一種有毒的慰藉。我們漸漸和自己的生活、感受及需求脫節，失去了自我。

你不覺得詭異嗎？越是盯著手機，越常使用某個APP，就越感到空洞與孤立。

相反的，越是仔細聆聽對方說話，而且對他們要說的事保持一無所知的開放態度，就越能建立起一種深刻而真實的關係，也越能找到自我。

學著聆聽

該如何才能真正地聆聽呢？

我們可以做一些簡單的練習。比如，先從聆聽一棵樹開始。

首先，請你仔細觀察一棵樹，對它的存在感到驚奇。

接著，當你真的對這棵樹的存在感到驚訝時，你可以接著探索它的獨特性。

你可以試著問自己，這棵樹有何特別之處？

比如，它是否有著奇特的形狀，它在光線照射下是什麼樣貌，是什麼顏色……

請特別注意，當你這麼做時，整件事情的重心正在逐漸從你身上轉移到這棵樹上！

能夠如同迎接朋友般地迎接這棵樹，與它相遇，傾聽它的聲音，這是多麼地鼓舞人心。

專注，的確是所有人隨時皆能獲得的奇蹟。

「調色盤裡要是沒有藍色了，
那就改用紅色吧！」

——畢卡索*

* **巴布羅．畢卡索**（Pablo Picasso, 1881-1973）：西班牙著名藝術家、畫家、雕塑家、版畫家、舞台設計師、作家，二十世紀現代藝術的主要代表人物之一。

如何做決定

畢卡索的這句話聽起來似乎有些消極。

其實完全不然。因為用紅色取代藍色，並非單純只是拿一種顏色取代另一種，而是願意徹底重新思考。

畢卡索知道，繪畫講究掌握構圖，也就是探索如何協調地組合事物。

構圖雖是畫家用詞，卻也適用於我們的生活，想做出最好的決定，就必須考量所有因素。例如，你想邀請朋友到家中晚餐，誰是最佳賓客人選呢？或者該如何根據天氣，幫孩子選擇他們喜歡的活動？

要是調色盤上沒有藍色，就因而氣餒，不再作畫，那就是不懂得變通。山不轉路轉，要是真的此路不通，那就另尋出路。

實際上，天無絕人之路，人生總是會出現一些我們意想不到的可能。

到朋友家避暑的計劃泡湯了

你計畫今年夏天到朋友家度假。一切皆已安排妥當，他們卻沮喪地打電話告知你，他們無法接待你了。理由是：家裡突然漏水、小孩生病，或是有人去世……

這簡直是一場災難。你該怎麼辦呢？

想想畢卡索吧。

要是沒有藍色，那就改用紅色吧！

千萬別用一個類似的行程替代舊計畫，你應該藉此重新思考整個夏天的計畫。你會找到一個連自己都意想不到的方案。

從哲學角度看來，這件事情令人神往，因為自由的真義就在於此，只是遭人遺忘。

今日，我們認為自由就是隨心所欲，暢所欲言。如果因為生氣，所以對他人大吼大叫，那麼對別人咆哮是可說是我的自由嗎？不是的。

你之所以自由，是因為你不再受到一連串機械性與慣性行為的制約。你之所以自由，是因為你確實看清了自己的處境。你之所以自由，是因為你做好了隨遇而安的準備。

學著更有創意

現在，讓我們試著學會這門藝術。

我舉個常見的情境：你正在準備今天的晚餐，或者，你打算撰寫一份講稿。

我們第一步通常是絞盡腦汁，尋找新點子，卻會很快就陷入瓶頸，無論如何都想不出來。

這時，你不妨聽聽畢卡索的建議，學著重新思考？

請先仔細留意周遭的情況。比如，此刻廚房裡有哪些不同的食材和調味料？這也許能提供你一點新想法。你還可以上市場，注意一下哪些是當季食材，或許能派上用場。

學習改變觀點，從不同角度看待事情，你也可以藉此學會發揮創意。

藍色顏料沒了，那就用紅色吧！這真是太好了。

「活在當下社會的現代人，
其意識與傳統思維無法做出
恰當又別具意義的提問。」

——漢娜．鄂蘭*

* **漢娜．鄂蘭**（Hannah Arendt, 1906-1975）：政治哲學家、作家和納粹大屠殺倖存者。鄂蘭的研究主題廣泛，又以處理權力和邪惡的本質及提出「邪惡的平庸」概念最為人銘記。其思想上的貢獻影響了二十及二十一世紀的眾多政治理論研究者。

壓得人喘不過氣的報酬率

漢娜·鄂蘭要我們釐清一個常見的錯誤：相信人在任何地方、任何時候都是不變的。

乍看之下，這樣的論點甚是崇高。可是，看不見人在不同時空底下的獨特性，就無法察覺人們承受到的獨特痛苦，也看不清這個時代的哪些特性是我們思考的盲點？

現代人的痛苦，源於我們認為唯有能被計算、管理和記錄的事物，才是真實確信的。

樹木被視為儲存二氧化碳的天然倉庫進行管理，以獲取最佳報酬，這導致了原本樹種繁多的法國森林盡遭砍伐，改種報酬率更高的單一樹種。

動物是什麼？

牠們被當成人類身體所需熱量的儲存庫。我們利用集中營般的動物屠宰場，將生產極大化。

而人呢？

人被當成「人力資源」加以管理，搾取最大效益。

對中世紀的人來說，這一切顯然不是這麼一回事。在他們的世界裡，上帝創造的東西才是真實的。因此，聖方濟各會對著樹或鳥說話，視牠們為手足。

而我們卻將樹與鳥視為可用的資源。

過勞是誰的錯

懂得適時提出質疑，才能看得更透徹。

你覺得自己就快瀕臨過勞了。你告訴主管，對方反倒認為你應該做好壓力管理才是。

這種回答是標準的倒因為果，因為問題根本不在這裡。

事實上，你才是真正的受害者。管理者為了牟取最大利益而否定你，你再也受不了了。

值得注意的是，同一批人也用同一套方式在管理醫院、大型保險公司或是航空公司，在各種不同領域。對這些管理者而言，依據不同職業特性進行模式不同的管理，根本沒有意義。

他們甚至認為你應該先管理好自己才對！這真是太荒謬了。

散步有什麼用

如今我們早已徹底成為追求報酬率的奴隸。

比如說散步，就連這麼尋常的活動，現在也都落入了這種思維陷阱。

我們會使用一些應用程式，計算自己走了幾步，測試肺活量，一共消耗了多少熱量。

結果，到頭來，我們非但未能達到預設目標，連將時間花在生活、創造與自我實現這種單純的快樂，也消失殆盡了。

鄂蘭是對的：將時代特殊性排除在外的真理，非但無法有助於人，還會毀滅我們。這正是我們這個時代的寫照。

正是為了學會提出恰當又別具意義的提問，我們今日更需要哲學。

「我拿出一罐果醬，
幫自己擺脫一樁麻煩。」

——尼采*

* 弗里德里希・尼采（Friedrich Nietzsche, 1844-1900）：普魯士哲學家、詩人、文化批評家、古典語言學家，對現代哲學影響深遠。尼采著作主題廣泛，著名的《查拉圖斯特拉如是說*Also sprach Zarathustra*》即為其作，《瞧！這個人*Ecce Homo*》則是其自傳。

避免正面衝突

尼采要我們在遭遇困難或受到侵犯時，要不惜一切代價避免正面衝突。

為什麼他要我們採取這種令人費解的態度？

因為，要是在有人辱罵我們，或朝我們大吼大叫時以牙還牙，那就正好落入對方設下的陷阱。

我們自以為在捍衛自己，實則卻是被自己反對的東西牽制。

如果我們想戰勝困難，就必須以更細膩的態度處理。

莫落入圈套

比如，你將對方當成朋友，他卻說你壞話，出賣你。

面對這種情況，如何才能避免落入報復的惡性循環？又如何才能面對排山倒海而來的憤怒？

對尼采而言，重點在於不要落入眼前的陷阱。

但是要怎麼做才好？畢竟絕對沒有人願意被人踩在頭上。

所以，我們必須首先跳脫「不是正面衝突，就是任人宰割」這種二元選項。

尼采要我們更富創意。

他建議你去拿出一罐果醬。但不是送給傷害你的人——尼采還不至於要你做這種蠢事！

這罐果醬是要送給這個充滿怨懟的情況。

這麼做可以緩解你的憤怒、困擾與束縛。需要解放的是你。

面對困難的方式其實不止一種。

當你看見白色，對方卻堅稱他看見的是黑色。你以為你在反駁對方，實際上卻是落入了對方設定的框架。

不妨更根本地去質疑「對立」本身。或許你會發現，答案未必是非黑即白！當中還有許多不同細微的色調……

讓情感變得更純粹

試著回想任何一個讓你緊張或是憤怒的狀況，或許當下你為了反擊、回應、逃脫，甚至會不惜使用暴力。

不論你當下是沮喪氣餒，或是煩躁生氣，同時試想一些讓你真正感到快樂的事情。那可以是個甜蜜的回憶，或是某個令人心滿意足的時刻。

請你花點時間，去感受情緒的轉換。

這個方式能將怨恨轉化成情感。

什麼是怨恨？怨恨是當生命受到束縛，反覆糾結，遭到阻礙時所產生的反應。

那麼，情感又是什麼？情感是那些能給予生命高度，帶來繽紛色彩，讓人充滿喜悅，拓展人生的任何事物。

現在你明白了，尼采並非提供一種小訣竅，教人如何更圓滑地處世應對。

尼采談的遠比這更有意義。他要我們以另一種方式去理解「活著」的意義。他讓我們明白，所謂活著就是學著與生命同步，毫無保留地接受它，化解我們對它的埋怨。

哲學對人性有如此深刻的體驗，可以取徑之處不可勝數。

「語言即戰場，既是壓迫之地，
也是反抗之地。」

——童妮・摩里森*

* **童妮・摩里森**（Toni Morrison, 1931-2019）：美國非裔作家，一九九三年諾貝爾文學獎得主，著有《最藍的眼睛 *The Bluest Eye* 》、《所羅門之歌*Song of Solomon*》、《寵兒 *Beloved* 》等多部小說，以探討美國種族主義的嚴重後果和美國黑人經歷而受讚譽。

文字的力量

童妮・摩里森是美國最偉大的黑人作家之一。她讓人領悟到，語言是最駭人的暴力形式之一。

我從德國語言學家維克多・克倫佩勒[1]的著作中明白了這一點。希特勒上台後，克倫佩勒被迫躲躲藏藏地過日子。他暗中寫了一本日記，在當中詳細描述了納粹如何操弄語言，讓大眾對眼下橫行的邪惡視若無睹。從戈培爾[2]到路人，從蓋世太保到猶太人，每個人都說著這個語言。克倫佩勒指出：「文字就像少許砒霜：你不經意吞下，看似沒事，稍待一段時間過後，才發現自己早已中毒」。

比如在措辭上，他們使用了「零件/élément」

1 維克多・克倫佩勒（Victor Klemperer, 1881-1960）：德國語言學學者，《第三帝國的語言*Lingua Tertii Imperii: Notizbuch eines Philologen*》一書作者，該書是依據他的日記改寫而成，談及納粹德國如何透過改變舊有的德語詞彙用法，對大眾灌輸納粹主義意識形態。

2 戈培爾（Paul Joseph Goebbels, 1897-1945）納粹德國宣傳部部長，在希特勒自殺後繼任帝國總理，二日後服毒身亡。

一詞，指稱在「集中營」裡被他們「處理掉」的囚犯，或是要求工人必須「高速運轉」。

摩里森則強調，非洲黑人是如何在文學作品中，被人與「野蠻」、「無知」、「聽話」和「粗暴」等詞彙劃上了等號，不論這些特質之間是否相互矛盾。這些作品無意去了解他人，卻還透過辨識與分類，否定了他人的真實樣貌。

我們對這個問題也是視而不見，因為我們認為語言是中性的溝通工具。然而，語言就是戰場，也是反抗之地。斟酌使用文字，本身就是一種政治行動。

文字左右著我們的思維，我們無法脫離文字思考。哲學的職責就是提醒我們這一點。

壓力真的必須「管理」嗎？

我想舉另外一個例子。我們常聽到「壓力管理」這種說法，這乍聽之下無傷大雅，然而實則說出了我們這個時代特有的暴力。「壓力管理」這種說法將個人貶低成了某種庫存物品，只需精準的計算與管理，就能隨便打發。

但人之所以感覺到痛苦，並不是因為沒有管理好自己的壓力，而是因為想要「管理」壓力，因而漸漸忘記自己是個「人」，不是物品。

有人認為，我提出這些問題不過是在玩文字遊戲，小題大作，但我沒有。語言操縱著我們，讓人承受著暴力而不自知，變得毫無人性。我不是要呼籲大家進行語言審查。再說，擾動語言的往往是詩人或作家，他們最擅長找到一種言語去訴說、去談論我們的經驗和我們經歷的一切。

重新感受壓力

你呢，你會如何描述你的壓力呢？

你使用的詞彙對你意味著什麼？要如何重新跟這個感覺連結？你是從身體何處感覺到的？

現在，請試著感受一下，如果我要你去「管理」壓力，你的感覺會是什麼？

要是我改採一種截然不同的方式，要你單純地去認識壓力，安撫它，你的感覺又有什麼不同？

「我花了很多時間，才將

別人強加於我的垃圾吐乾淨。」

——詹姆斯・鮑德溫*

* **詹姆斯・鮑德溫**（James Baldwin, 1924-1987）：美國非裔作家，詩人，劇作家和社會活動家，作品關注美國的種族問題和性解放運動，代表作有半自傳體小說《山巔宏音 *Go Tell It on the Mountain*》，以及《喬凡尼的房間*Giovanni's Room*》等。

變得強大

這句話，是身為美國黑人的鮑德溫回想自己在一九四〇、五〇年代經歷過的苦難而做出的尖刻回應。

他的分析卻也適用於我們每個人。因為只要活得和別人不一樣，都會讓你有罪惡感：不論你是族裔或性向上的非主流，身為身心障礙者，男性掌權世界裡的女性，或是你的個人品味與人生追求不符主流社會規範等。

然而，這種痛苦的由來不只來自心理層面，也來自政治層面。

我們之所以覺得難以理解，是因為我們對於社會政治的理解往往是抽象的，認為那只是相互對立的思想與學說，各自捍衛著自己的立場。

但事實上，我們以為痛苦來自於個人，卻忽略了有時社會政治的影響也會體現在我們的肉體上。政治謊言因此在我們身上留下了種種烙印與傷痕。

你呢，你內化了哪些別人對你的看法？

你是否內化了某些別人對你的看法，因而受了傷？別人對你的評論又是什麼？

我們通常根本不會意識到這件事，因此難以察覺。

而且，人本來就非常脆弱，我們很容易遭到暴力對待，卻還為此自責。

一個遭父母虐待的孩子會無視所有事實與道理，相信自己活該受苦。一位被母親遺棄的孩子會認為這是他的錯——因為他不值得被愛。

這種情況往往還持續到長大成人。

我們的內在小孩竭盡全力想變得完美，甚至為了別人而犧牲自己，只盼望最後能被接納、被愛、被認可。然而這些努力往往徒勞無功，結果總是事與願違。

練習找回自己的尊嚴

當我們失去尊嚴時，要怎麼做，才能重新尋回尊嚴？

如同鮑德溫所說的：吐出來吧！

這是一種高尚的行為！沒錯！

吃下有毒食物而生病，那就必須吐出來，清空我們的胃，這樣才能康復。面對意識形態的毒素也必須這麼做。

吐出來，你才能重拾尊嚴。

來體驗這種最獨特的練習吧：學學如何高尚地嘔吐。

這再簡單不過：別再試圖為自己受到的不公辯護，也不需多做解釋。就讓自己擺脫這些垃圾，別再去消化那些無法消化的東西。

那些認為自己不夠好的自責感覺全都不屬於你，甩掉它們吧！別再嚥下別人對你的看法來對自己施壓。

你無需為自己遭受的暴力負責，但你有責任讓自己從暴力中走出來。

「生命
會疼愛懂得好好過活的人。」

——瑪雅·安傑洛*

* **瑪雅·安傑洛**（Maya Angelou, 1928-2014）：美國非裔作家、詩人、編劇。一九六五年在民權領袖麥爾坎·X（Malcom X）被暗殺後，成為美國民權運動的積極分子，並與金恩博士（Martin Luther King, Jr）有過密切合作。

勇氣的展現

瑪雅・安傑洛是美國藝術圈和政治圈一位偉大的精神領袖。一九九三年，她應民主黨總統柯林頓（Bill Clinton）之邀，在他的總統就職典禮上朗誦了她的一首詩作。

這是一個感人的歷史時刻，我們看到這位出身貧寒、歷經重重磨難的黑人女性站了出來，在全美民眾面前大膽、堅強且勇敢地發聲。

受到鄙視

也許你和安傑洛一樣，由於宗教信仰、社會階級或教育程度與他人不同而遭到鄙視。

若是這樣，安傑洛的這番話會令你有所啟發。她告訴我們，絕對不能以受害者自居，不能為自己的遭遇自艾自憐。她說：「切莫發出痛苦呻吟，否則敵人將會聞聲而至。尚未替人類做出貢獻之前，千萬不能輕易死去。」

所以，別再說：「我辦不到，因為我小時候曾經受過虐待」，「我一定拿不到這份工作，因為別人會歧視我的身分」，或者「因為老闆不喜歡我，所以我升遷無望。」

以受害者自居只會令我們感到無能為力，覺得自己不可能改變現狀。

我們不只四處碰壁，讓自己陷於痛苦，還將自己鎖在了埋怨裡。

安傑洛將此寫進一首著名的詩中：

「那些貌美的女人想知道
我美麗的訣竅是什麼
我一點也不可愛
也沒有魔鬼身材
一旦我說出了祕訣
她們卻認為我在撒謊
我說我的訣竅
就在我伸展的雙臂之下
在我邁開的步伐之內
在我雙唇的弧度之間
我是個女人

不－可－思－議的那一種

這個不同凡響的女人

就是我」

別再道歉了，讓優點綻放光芒吧

別再為自己的存在而道歉了。我們可以為自己做錯事道歉，但不必為自己的存在而道歉。

無論你犯了什麼錯，有什麼缺點，或是別人因為什麼事情責怪你，都別為「做自己」而道歉。

如果做不到，就想想自己的某個優點，或是做過的一件好事，主持過的公道，即便是小事也無妨。不論你幫助的是鄰居、同事還是陌生人都無所謂。只要你為此自豪就好。

將重心放在這裡能讓你改變痛苦，促使你去做一些對他人和世界都有益的事。

安傑洛說自己是個不同凡響的女人，因為每個人都是與眾不同的。不論成功與否，只要願意做自己，就能找回蘊藏在你我內心深處的珍貴人性，它能激發出我們最好的那一面。

「對接受者而言，

施捨是一種傷害。」

——馬塞爾・莫斯*

* **馬塞爾・莫斯**（Marcel Mauss, 1872-1950）：法國社會學家，學術作品跨越社會學和人類學，在相關領域的影響一直延續至今。莫斯曾研究世界不同文化中關於「禮物交換」的現象，一九二五年發表於《社會學年鑑*L'Année sociologique*》上的《禮物：古式社會中交換的形式與理由*Essai sur le don: Forme et raison de l'échange dans les sociétés archaïques*》一文，是社會科學史上最重要的文本之一。

施捨是一種傷害嗎？

社會鼓勵人們行善，做出慷慨或利他行為，甚至還責備我們做得不夠。

要是我們都被這些建議誤導了呢？

請放心，我並不是要你變得自私自利，對他人漠不關心。

不過，我想請你和我一起想想：施捨對接受的人而言，是否是一種傷害？

該不該讓朋友請客？

有個朋友請你到餐廳享用晚餐。你接受了邀請，但堅持付酒錢作為回報。

要是你真的支付了酒水費，事情會有所不同嗎？

當然會。因為你們各自都為對方付出了些什麼。

我有一位朋友在某個協會擔任志工，我問她為何無私地奉獻一切。她對我說：「我只是想回報別人給予我的幫助，因為我的人生已經得到太多了！」為什麼她會覺得自己這樣奉獻付出根本不算什麼？而且，她這番話不是客套話，而是出自內心。

為什麼我們不想欠人情？為什麼我們受人幫助時會想要回報？

要是人們在乎的只是金錢和權力，就不會有想要回報的心情了。

所以，有些東西比累積財富來得更重要：那就是在這一來一往當中，建立與他人的連結。

因此我們對「什麼是人」有了更深入的了解。

這就是為何只有單方面的施捨是一種傷害。因為，當我們無法回報別人的施捨，我們會感覺到孤立，我們失去跟他人的連結，無法建立人際關係的基礎。

禮物是施捨還是付出？

一位同事幫了你大忙，因此你送了一盒巧克力作為回禮。這個小舉動雖然看似平凡，卻蘊含著深刻的哲學意義。

我們往往認為贈禮必須是純粹、無私的，但這個想法未必正確。

你出於某個原因想感謝一個人，並不表示你的這份禮物就因此不純粹了。

透過這份禮物，你表達出一件非常重要的事：你在乎這個人，而且很重視你們之間深厚的情誼。

我們總認為人應該純粹無私地去愛，去給予。因此，我們將「犧牲」這件事美化成了一種理想。然而實際上，這種理想是錯誤、虛假而且病態的。也幸虧這世界上既沒有純粹的愛，也沒有純粹的給予。

我們應該學著活在現實當中，認清人是無法脫離與他人的關係的。

明白這件事情能產生許多影響，讓人更清楚地看見當前社會暴力的根源。例如，單純給付一筆薪水給勞動者，卻沒有認同他們的獨特性，肯定他們的付出與投入，這是非常粗暴的。這等於是對他們身而為人的否定。此外，所有研究分析也都證實，預防過勞的最佳方式，就是讚許工作夥伴的優點，重點在於付出、回報，以及感恩。

馬塞爾．莫斯說得對極了：「對接受者而言，施捨是一種傷害。」

現在也該好好思考這件事情對社會、倫理與政治層面造成的影響了！

我們是活在關係裡的「人」，而不是被管理的資本。

「只要到了西班牙，
就不會再想蓋城堡了。」

——塞維涅夫人*

* **塞維涅夫人**（Madame de Sévigné, 1629-1696）：法國書信作家。其書信中的文字生動、風趣，反映出法國在路易十四時期的社會風貌，被奉為法國文學的瑰寶。

醒醒吧！別再做白日夢了

「在西班牙蓋城堡」是歐洲一句古老諺語，最早可回溯到十三世紀。當時西班牙的鄉下一座城堡都沒有，因此摩爾人（Maures）在撤退時找不到安身之處。

如今「西班牙城堡」已經變成隱喻，指的是不切實際的幻想。我們都憧憬著某些令人快樂、卻與現實脫節的事物，因此變得更不快樂。

這就好比人們相信在某個地方，有個萬能的宇宙保姆會照顧我們，保護我們，解決我們所有的問題。

宗教有時就是透過這種方式，將神塑造成一種萬能的形象。

另外，在政治舞台上，希特勒和史達林也被描繪成是能解決所有問題的神。

五花八門的應用程式令人沉迷

如今，我們的手機上也閃爍著許多「西班牙城堡」。各式各樣的應用程式打著「為了改善生活」

的名義，讓我們買下某個產品，要像這樣，要達到某項標準。然而我們並沒有因此活得更快樂，憂鬱和痛苦反倒幾乎成為一種流行病。而我們依然認為必須要擁有這個，做到那個，才會感到滿足。

塞維涅夫人的睿智之處在於她揭穿了幻覺：西班牙沒有城堡。一旦我們看清事實，就不會被蒙蔽。問題是，我們竟然真相信這種空中閣樓，我們深信內心的不安全感來自於某種匱乏。

事實上，這些看似無窮無盡的追求根本無法滿足我們，只會讓人更焦慮，而且無法享受當下的樂趣。

感到滿足

要如何區分這種不切實際的幻覺，與想改變、蛻變、成長和學習的欲望？

去旅行吧，你會找到答案的。但別只為了玩而去玩，請你想想，對你而言，究竟什麼是一趟成功的旅行？

我們通常不太會花心思去了解自己想體驗什麼

樣的旅行。我們什麼都想嘗試，卻忘記時間與精力是有限的。有些人甚至可以兩天走完威尼斯，一週玩遍泰國，回來之後又覺得整個行程實在太趕了。

到底該怎麼玩，才能讓你真正感到滿足呢？欣賞某件藝術品，與人邂逅，和朋友敘舊，漫步大自然中，或者什麼都不做？

重新審視旅遊願望清單，就足以徹底改變你的體驗，獲得真正的滿足。

這也是關鍵所在：想要心滿意足，就將每一趟旅程帶上哲學家所謂的終極性（finalité）——也就是要清楚方向和終點，並且明白事物的侷限。

如此一來，接受限制非但不會造成阻礙，反而讓我們體會到真正的快樂！

「總想得到定論是愚蠢的行為。」

——福樓拜*

* **古斯塔夫・福樓拜**（Gustave Flaubert, 1821-1880）：法國文學家，《包法利夫人*Madame Bovary*》作者，擅長以深刻的心理分析和對現實主義的關注，清晰觀察個人和社會行為。

懂得保持好奇心

做結論是一件必要的事情！某些時候，我們不能再猶豫，必須做出決定才能繼續往前。

但是法國文學家福樓拜卻不這麼認為，為什麼呢？

因為，一旦我們只**想**做出結論，終止討論，覺得再也說不出什麼，也沒必要思考時，就會停滯不前。

科學證明了這一點。科學的工作就是不斷推翻定論。基本上，所有科學上的結論都只是暫時的。因此，科學的真理必須是可質疑的，否則它就成了教條。

因此對於人們來說，宇宙形成的理論並非定論，它反映的是我們對於宇宙的認識，而且有朝一日它會再度受到質疑、深化與更新。

從這個意義來看，做出定論就是停止思考的可能。

你和另一半鬧翻了

某天，你太太告訴你，她想辭去現在的工作，投入一項新計畫。你知道這個決定的風險很大，而且認為她不過是一時興起。你們因此吵得不可開交。

你們雙方僵持不下。因為你早已下了定論，而且打定主意要讓她知道她哪裡錯了。結果情況越演越烈，你們倆脣槍舌劍，針鋒相對。

後來你後悔了，想和解，卻不知從何做起。

很簡單——你只要了解她的動機，多問她幾個問題就行了。

你會發現，你其實不太了解她內心深處的渴望，以及她為何做出如此決定。你必須承認這一點，和解才有可能。

你看，哲學對我們有很大的幫助，連對伴侶吵架這種小事都派得上用場。不過，哲學給的並非心靈雞湯般的建議，而是揭露所有關係本質的**真相**。

想下定論的欲望會引發仇恨和暴力。我們以自己的偏見看待世界和他人，急躁又盲目。

這不僅造成了許多政治、宗教與社會衝突，也阻礙我們處理氣候變遷，乃至地球毀滅的議題。一旦先下了定論，我們便無法無法另闢蹊徑，只會墨守成規。

面對不確定性

想要有所改變，你必須擁抱不確定性。這就是為什麼我們需要嘗試練習，練習的目的不是要讓自己變得呆滯，像是一隻被煮熟的青蛙，而是要學著扛起那種不確定感。

當你不知如何下決定，心中必然忐忑不安。先別試圖改變這種狀態，且讓你不安的子彈飛一會兒。

你會發現，當你心急地想盡快得出一個結論時，你其實只是想快速擺脫焦慮，而非解決問題。你不該再這麼做了，那只會做出錯誤的決定。

保持心胸開放，並且保持高度警覺。一旦你能漸漸忍受這種不適感，才會開始慢慢看清事實。這才是智慧！

而且，你看，這麼做並沒有如你原本所想的那樣不愉快，反而讓你的行動更加正當又有效率，因而讓你更加快樂。

「達到忘我的境界，
才是真實。」

——約翰．戈特利布．費希特*

* **約翰．戈特利布．費希特**（Johann Gottlieb Fichte, 1762-1814）：德國哲學家，唯心主義（Idealismus）哲學的主要奠基人之一。費希特對於主觀性和意識的質問，激發了許多哲學思考。

忘我

費希特是十八世紀末最教人印象深刻的德國哲學家之一。他一直執著於一個重要的問題：如何避免哲學落入一個可怕的危險陷阱，忘卻人與世間萬物、一草一木、以及芸芸眾生之間本是共生共息。

因此，費希特寫下這段相關的對話：

「當你讀著一本書，凝視某個東西，或是與朋友交談時，你是否會一直想著你在做什麼、讀什麼、看什麼，或是聽到了什麼？」

費希特接著說：「其實，當我讀到幾乎忘我之際，我完全不會想到自己，我只是單純地沉浸在書中。或是純粹被某個東西吸引，完全醉心於某段對話。因此，當我們全神貫注於一件事情時，整個人是沉浸在當中的。」

費希特的評論見解獨到。

當你完全融入現實，重點不再是你的時候，你才真正與世界產生了關聯。

喝一杯水

如果你想要體驗、深入理解費雪特的哲學思想，喝一杯水會很有幫助。

很簡單：拿起一杯水，喝掉它。就這樣！

現在，你試試看用另一種方式喝水：請你一邊喝水、一邊觀察自己正在喝水，試圖意識自己的一舉一動。

這麼做非但無法幫助你體驗喝水這件事，甚至令你感到窒息。

你可曾聽過蜈蚣和蝸牛的故事？

蝸牛問蜈蚣，牠有那麼多隻腳，要怎麼走路？

當蜈蚣有意識地去察覺自己怎麼走路，便再也無法前進了。

擺脫正念覺知的冥想

我訝異地發現，過去十幾年來，「靜坐」與「全然的覺知」（pleine conscience）在法國被劃上了等號。我真的不解！

走路和吃飯時保持全然的覺知，嚴格來說是一種死路一條的折磨。

更令我驚訝的是，我三十幾年前開始接觸打坐時，所學的恰恰是如何擺脫這種全然覺知的習性。靜坐時，你必須讓意識退到其次，讓世間萬物與眾生恣意地開展。

令人感到快樂的，正是忘我的過程。

有一位助產士向我透露：「我的工作有時壓力會大到讓我無法思考，幾乎要有三頭六臂再加上好幾顆腦袋才有辦法應付。奇怪的是，在這些緊張無比的時刻，我往往卻像是按下了某個按鈕，身體會自動做出一連串動作，所有事情全都自己搞定了。」

沒人說得比她得更貼切了。

我們都曾有過類似經驗。有些時候，你真的不曉得自己為什麼要那麼做，也不知道是怎麼辦到的。但事情就是水到渠成、自然而然發生了，我們不過是順勢推了一把。

我認為，這才是真正的幸福。

「唯有入地獄，

才能拯救心愛的人。」

——索倫・齊克果*

* **索倫・齊克果**（Søren Kierkegaard, 1813-1855）：丹麥神學家、哲學家、詩人、社會批評家及宗教作家，一般被視為存在主義的創立者。他的哲學作品主要關注人如何成為「單一的個體」，注重人類現實，而非抽象思考，並強調個人選擇和實踐的重要性。

勇於面對困難

丹麥哲學家齊克果的這句話，讓我們想起歷史上最美麗的神話之一——奧菲斯（Orphée）的故事。

奧菲斯這個年輕人做了一件前無古人、後無來者的事情——他動身走入地獄，去尋找他的摯愛尤莉迪絲（Eurydice）。尤莉迪絲在他們新婚當天被蛇咬死。奧菲斯憑藉著優美的歌聲通過考驗，打動了可怕的地獄看守犬，救出他的摯愛。

其他文明裡也有前往地獄的英雄，像是古代美索不達米亞史詩中的吉爾伽美什[1]。但是，他們下地獄追求的是長生不老。奧菲斯這麼做是為了愛，是愛給了他面對痛苦和恐懼的勇氣和動力。

齊克果認為，每個人都應該和奧菲斯一樣，為了展現人性的美好，而到地獄走一遭。

1 古代美索不達米亞史詩《吉爾伽美什*Gilgamesh*》中的主角。在史詩後半部分，由於朋友恩奇杜之死的悲痛，吉爾伽美什因而踏上漫長旅程，前往地獄，以期發現永生的祕密。

孩子在學校遭到霸凌

要是你的孩子在學校遭到霸凌，別人卻還要你心平氣和，難道你不認為這既荒謬又可怕嗎？。

實際上，我們越是勸人心平氣和、以和為貴，他們就越不快樂，越覺得不被當人看。

當你的兒子再也無法忍受，淚流滿面地告訴你他遭受的一切，你幾乎瀕臨崩潰。然而，下一秒，為了拯救摯愛的人，你願意立刻入地獄。你心中毫無恐懼，只有愛與勇氣。

「摯愛的人」是一個隱喻，代表我們在乎的一切：包括那些無辜受辱、飽受苦難的人；以及在追求工業化的進程中，因為我們的盲目而犧牲的人性價值；甚至是人類日復一日為了追求利潤，不惜摧毀的地球。

奧菲斯的神話帶給我另一個啟示：我們入地獄不是為了受苦受難，那裡不是終點，我們只是必須要到地獄走一遭。這在意義上完全不同。

為什麼我必須再三強調？

因為所有人面臨的最大困難，在於如何在忍受地獄煎熬之際，依然不忘為何前來拯救光彩耀人的摯愛。

如何獲得勇氣

但是要如何才能鼓起勇氣，踏上這樣的旅程？

你要面對的是自己的恐懼，如此而已。

事實上，這件事情既簡單卻又令人驚訝：勇者不是毫無畏懼之人，而是甘冒風險面對恐懼，並且願意感受痛苦與不知所措的人。

懦夫則是無法面對害怕之人。如果兒子在學校遭人欺凌，你卻無法接受自己內心會為了孩子而擔驚受怕，那麼就無法幫助孩子扭轉情況。

因此，要獲得勇氣，就意味要能接受自己的脆弱與無助，要認真面對現實，而不是與其對抗。

莫捨棄我們的脆弱與溫柔，擁抱它。

「證據只會模糊真相。」

——喬治・布拉克*

* **喬治・布拉克**（Georges Braque, 1882-1963）：法國立體主義畫家與雕塑家，與畢卡索在二十世紀初創立的立體主義運動，對後世美術史的發展影響深遠，「立體主義」一名也由其作品而來。

愛不需要證明

在這個時代，我們先入為主地深信，要證明一樣東西是真的，就必須提出一個或是許多的證明。

因此，對我們而言，尋求真相在科學與法律領域中似乎是理所當然之事。

警察搜集證據，以釐清事實，並且透過判決確立真相。

然而，有一些真相是無法透過證據來證實的，而且往往為人忽視，有時甚至還遭到否定。

畫家布拉克對於這種真相有相當深刻的體悟。有時，一幅作品畫得不夠完美，因此必須一遍又一遍地修改，而且未必能成功。就算成功了，也沒有什麼客觀證據可證明。

這並不是說一幅好畫不存在。每位畫家心中都有一把量尺，知道作品是好是壞，並且指引著他。

那麼，一幅好作品的標準是什麼？

首先，一幅成功的畫作會具備一些繪畫特有的元素：色彩的交互作用，和諧的形式，準確的構圖、空間感、題材等……

但是，除此之外還有作品如何觸動人心。一件偉大的藝術品不只在造型上表現出色，更重要的是它必須觸動觀者，甚至深深撼動人心。某種程度上，它豐富了我們的生命。

我舉了繪畫為例，我們也可以在生活中找到相似的經驗。

像是，你想知道對方是否愛你，但愛其實沒有任何絕對證據可以證明。

然而，沒有辦法證明並不表示愛就不存在。

並非所有的痛苦都需要被治癒

我舉另一種例子：你的父親或母親生病了，此刻你既擔憂又煩惱。

你大可從生物學、社會或宗教上的示範講解尋求解答，但這幫不了你。我們都認識一些人，他們能夠頭頭是道地解釋他們遭遇的所有問題，但自己非但未得紓解，反而還更糾結於自己的困境。

放棄這種做法吧。尋求一些外在的表現來解決問題，非但沒有幫助，有時還會有反效果。此刻，不如試著去感受你真正的悲傷。比如，你的父母親生病了，你因此感到悲傷。

或許你現在已能明白，並非所有痛苦都需要被治癒。有時，我們只需坦誠面對發生在自己身上的一切。

你看，光是真實了解自己的感受與經歷，就是一種解放。

學著面對感受

當我們觸及最親密、最深刻、最本質的問題時，證據只會模糊真相。我們必須願意相信自己的感受。

例如，學著欣賞一件藝術品或是聆聽一段音樂，你也可以察覺自己的真切感受。

深入體會你的感受，探索它的特質與真確性。

你看，布拉克所說的真相無需被證實（démonstration），這種真相卻和我們的生活息息相關。

是的，布拉克說得對：「證據只會模糊真相。」

「將你的船駛離大霧與長浪。」

——亞里斯多德[*]

* **亞里斯多德**（Aristote, 384 BC-322 BC）：古希臘哲學家。與蘇格拉底、柏拉圖同被譽為西方哲學的奠基者。亞里斯多德的著作是西方哲學的第一個廣泛系統，包含道德、美學、邏輯和科學、政治和形上學。

不需說教的道德

亞里斯多德是有史以來談論道德最傑出的思想家，他引用了荷馬的這句話，說明他想賦予道德的含義。

道德並不是如今我們認為的那樣，代表著遵守規則或命令。道德是一種航行技巧，它知道如何避開大霧與長浪這兩種極端狀況。我們必須懂得在前進時順著風向與水流，時而向右，時而向左。

要如何既不怯懦、也不咄咄逼人地說「不」？我這樣說口氣會不會太重，或者還不夠重？

學生時代的我認為這種作法太過平庸。我期待能從哲學裡學到更令人振奮的東西。

如今，我已經比較能夠體會處處尋求中庸之道的偉大之處。

我進一步明白，中庸之道並不是在兩個極端之間尋找中間值，如同介於熱水和冷水之間的溫水。中庸之道不是這樣，它是極致的平衡點，是舞者令你屏息的姿態，是醫生審視所有細節之後做出的診斷。

在經歷過種種困難與危機之後，我更能體會這種方法多麼具有啟發性。

你必須告訴朋友一個壞消息

你必須告知朋友一個壞消息。

你非常困擾，因為擔心傷害他，躊躇著不知該如何開口。你很想知道該怎麼做。要是有人能給出標準答案就好了。

但是，沒有人能給你解答。情況相當棘手。

想知道該怎麼做，我們必須接受亞里斯多德所說的「偶然性」（contingence）——這個世界不會按照預定的計畫運行。用俗話來說就是：計劃趕不上變化。

我們得承認，這實在令人難以接受。但是接受這件事情，就是踏出了第一步。

認為一切都該一帆風順，反倒會讓我們不快樂，尤其是會感到無能為力。

活著，就是不停地做決定——也就是學會在各種水域中航行，儘管有時波濤洶湧。

世界並不完美，所以我們有責任竭盡自己所能，讓它變得更好。

然而，你永遠無法確定自己是否真的已經做到最好。

但這不是重點，因為活著並不是在解方程式。

航行的技巧

那麼究竟要如何掌握這門航行的藝術？

祕訣在於時時觀察情勢，越細心、越仔細越好。

你可以想一想，何時才是告知朋友的最佳時機？該怎麼告訴他？例如，我應該自己去，還是找人陪同？透過這些問題，你就會明白該怎麼做了。

亞里斯多德讓我們擺脫善與惡的對立，找到美妙的平衡點，避免走向極端。他以航行的例子教我們保持柔韌，靈活地隨機應變。

「愛永遠不會自然凋零。
愛情凋零，是因為我們
不知如何找到它的泉源。」

——阿娜伊斯・寧*

* **阿娜伊斯・寧**（Anaïs Nin, 1903-1977）：美國作家，出生於法國。寧的作品多帶有法國式的超現實主義風格，主要以其《阿娜伊斯・寧日記》知名，作品頻繁描寫夢境和潛意識，明顯受到佛洛伊德和榮格精神分析學影響。

懂得去愛，是一門美妙而神祕的藝術

有人說，熾烈的愛僅會燃燒片刻，愛會因為習慣與彼此不斷的磨損而過了保鮮期。我們只能接受這個事實。

阿娜伊斯・寧對此卻完全不能苟同。熾熱明亮的她是法國詩人亞陶（Antonin Artaud）和美國作家亨利・米勒（Henri Miller）的好友。[1]簡單來說，她認為愛情不是即時共享的歡愉，如果我們將愛情與歡愉纏綿混為一談，那就錯了。

因此，人們認為捨棄愛情是一件理性而明智的事情，這實在是太荒謬。實際上，這種人生智慧觀仍是現今社會的主流想法。而且這種想法與少女對愛情那種太過天真的浪漫情懷，兩者皆是建立在同

1 亞陶（Antonin Artaud, 1896-1848）：法國詩人、演員和戲劇理論家，提出殘酷戲劇（Théâtre de la cruauté）概念。亨利・米勒（Henri Miller, 1891-1980）：二十世紀美國乃至全球最重要的作家之一，開創了一種新類型的「半自傳體小說」。最具代表性的作品包括《北回歸線*Tropic of Cancer*》、《南回歸線*Tropic of Capricorn*》以及《殉色三部曲*The Rosy Crucifixion*》等。

一種幻想之上：認為愛情是一種令人快活的短暫歡愉。

這是一種誤解。

愛情是一種考驗，一種艱難的考驗，是我們要窮盡一生去實踐的功課。

而讓人深感幸福的正是這門功課。

學著去愛

你是否跟你深愛的人有些芥蒂，彼此僵持不下，關係緊張？那或許是你的孩子、另一半或是你的父母。

與其沒完沒了地抱怨對方，或是痛恨彼此，不如現在就學著努力去愛。

你可能會覺得不太自在，因為你認為愛必須刻意學習。而且你很清楚，我們無法強迫自己去愛。

請放心，這並不是我所謂的愛。

那麼，學著去愛究竟意味什麼？

學著去愛，就是始終讓自己恰如其分地保持開放。

例如，一位母親必須學著愛她的孩子。我們往往認為，母親打從孩子出生就能完美無缺地愛著孩子，直到永遠。我們必須摒棄這種令人愧疚的想法。相反地，正如阿娜伊思・寧所說，重點在於我們必須學會找到愛的泉源。

要怎麼做呢？

泉源的意象在這裡特別鮮明。泉源不是一灘毫無波瀾的死水，而是源源湧出的活水，它奉獻自己，對我們卻不求回報，這種給予也毫不在意他人是否能夠接受。

所以，泉源「不是」一種可被支配的資源，如同銀行帳戶裡的資金，可任自己隨心所欲處置。我們想獲得它，就必須對愛的泉源敞開心扉。

學著被觸動

愛是一門藝術。你可以透過一些練習掌握這門藝術，學著讓自己受到觸動。

這不容易，因為我們總是在逃避內心，深怕被觸動。

我們總是想占據上風，不願情緒失控，最好對任何事都不在乎。

姑且試試吧，讓自己被觸動一回。

回頭再想想你的孩子，你的另一半。

接受自己的確受到了觸動。不論是因為他們說了一些刺激你的話，還是做了一些感動你的事，那都不重要。

是的，就是這樣。重點是遇見你內心的溫柔。

因為如此，而且也唯有如此，你才能找回愛的泉源。

唯有入地獄，才能救自己

40位哲人，40段省思，重啟人生的轉念新起點

Trois minutes de philosophie pour redevenir humain

作者	法筆斯・彌達 Fabrice Midal
譯者	陳衍秀
總編輯	卜祈宇
行銷	陳雅雯、張詠晶
排版	宸遠彩藝
封面設計	井十二設計研究室
封面繪圖	Emily Chan
印刷	通南彩色印刷股份有限公司

出版	開朗文化 / 遠足文化事業股份有限公司
發行	遠足文化事業股份有限公司（讀書共和國出版集團）
地址	231 新北市新店區民權路 108-2 號 9 樓
郵撥帳號	19504465 遠足文化事業股份有限公司
電話	(02) 2218 1417
信箱	service@bookrep.com.tw
法律顧問	華洋法律事務所 蘇文生律師
出版日期	2024 年 8 月 初版一刷
定價	新台幣 320 元
ISBN	978-626-95620-7-7
	9786269562084（PDF）
	9786269562091（EPUB）

國家圖書館出版品預行編目

唯有入地獄，才能救自己：40 位哲人，40 段省思，重啟人生的轉念新起點 / 法筆斯．彌達 (Fabrice Midal) 著；陳衍秀譯．-- 初版．-- 新北市：開朗文化，遠足文化事業股份有限公司，2024.08
208 面；13×19 公分
譯自：Trois minutes de philosophie pour redevenir humain
ISBN 978-626-95620-7-7(平裝)

1. 哲學

100　　113010699